캥거루 엄마의 알파걸 육아기

캥거루 엄마의 알파걸 육아기

초판 1쇄 인쇄 2007년 12월 5일
초판 2쇄 발행 2008년 1월 20일

지은이   나귀옥
펴낸이   이동숙
편 집   박정익
디자인   모현정
펴낸곳   루덴스
출판등록 2007년 4월 6일 제16-4168호
주소 서울시 강남구 역삼동 726-10 레트로빌딩 4층
전화 02-558-9312(3)
팩스 02-558-9314

값 9,000원
ISBN 978-89-960004-2-6 03040

캥거루 엄마의 알파걸 육아기

나귀옥 지음

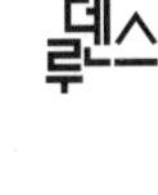

루덴스

내 인생 최고의 만남을 안겨 준 유리에게

남들보다 뒤늦게 외국 유학길에 올라 박사학위를 마친 탓에 나는 무척 늦게 결혼을 하게 되었다. 그러고도 수년에 걸친 온갖 노력 끝에 임신을 하고 늦깎이 엄마가 되었다. 이렇게 천신만고 끝에 얻은 내 아이 유리는 기질부터가 아주 까다로왔다. 유리의 양육은 지금까지 내가 겪었던 어떤 일보다도 혹독한 인내를 요구했다. 특히 만 3세까지는 얼마나 힘들었던지, 내 몸을 다시 20대의 체중으로 되돌려 놓았다.

그러나 그 힘겨운 과정 속에서도 아이는 짐이 아니라, 더 할 수 없는 의지의 대상이자 의지처가 된다는 점은 참으로 놀라운 경험이었다. 그러한 경험의 순간은 단번에 그 동안의 모든 어려움과

공허함을 채워 주곤 했다.

유리를 기르면서 만 3세가 양육의 중대한 기점임을 새삼스레 깨달았다. 이 시기를 전후로 다른 양육방법의 적용이 필요했다. 만 3세 미만은 영아기라고 하고, 만 3세부터 초등학교 입학 전까지는 대체로 유아기라고 한다. 만 3세 미만의 영아기에는 의사 소통이 제대로 이루어지지 않아, 합리적인 설명과 설득이 불가능하였다. 그러다 보니 유아교육 이론의 가르침대로 점잖은 방법만으로 아이를 기르는 것은 불가능했다. 유리가 좋아하지 않는 일이라도 할라치면 유리의 주의를 분산시키기 위해 노력해야 하였고, 때론 유리를 유혹케 할 핑계거리를 생각해 내기 위해 머리를 굴리지 않으면 안되었다. 심지어는 약간의 거짓말까지 둘러대지 않을 수 없었다. 게다가 유리 스스로 행동을 조절할 능력이 없는 탓에 야단을 치거나 외적인 통제를 가하지 않을 수 없었다.

그러나 만 3세가 되자 어느 정도 의사 소통이 가능했다. 어른의 설명을 알아듣고 스스로 이해가 가는 부분은 수긍하는 태도를 보이기 시작하였다. 그리고 자기 조절력도 조금씩 생겨나서 스스로 자신의 행동을 통제하거나 인내력을 발휘하기도 하고, 하기 싫은 일도 받아들이는 모습을 보였다. 이때부터는 야단치기보다는 합리적인 설명과 설득 위주로 육아 방침을 바꾸었다. 사소한 일도 항상 유리의 동의를 구하려 애썼다. 만 4세가 되었을 때는 강압적인 통제는 거의 하지 않았고, 자신이 스스로 행동의 기준을 정하도록 하였다. 이를테면 유리가 좋아하는 젤리를 먹을 때도 얼마나 먹을 것인지를 엄마가 정해 주는 것이 아니라, 자신이 정한 다음이를 지키도록 지도하였다. 만 4세 이후에는 엄마로부터 독립하여 가는 모습이 역력하였다.

지금 와서 생각해 보니, 영아기에는 엄마인 나 자신이 양육의 의무에 짓눌러서 아이와 함께하는 순간의 행복을 충분히 즐길 수 없었다. 까다로운 기질의 아이를 키우는 엄마들이 대개 그 시기를 '거의 모든 것이 황폐화되었던 시절'로 기억하는 이유를 나 또한 절실히 경험했던 것이다.

그러나 유아기에 접어들면서부터 많은 일들을 유리와 함께 할수 있게 되었고, 이제는 세상 어떤 일에서도 누릴 수 없는 행복을 맛보는 시간이 되었다. 도시락을 싸가지고 자전거를 타고 공원으로 산책 가는 일, 인라인 스케이트를 타는 일, 유리의 피아노 반주에 맞추어 함께 노래 부르는 일, 놀이 공원에 가는 일, 쇼핑을 하는 일 등 유리와 함께하는 모든 일들이 나에게 행복한 활력을 준다.

유리 친구의 생일잔치에 참석하는 일도 재미있고, 나와는 완전히 세대가 다른 유리 친구 엄마들과의 모임도 즐겁다. 머지않아 유리의 다섯 번째 생일이 다가온다. 처음으로 유리 친구들을 초대하여 잔치를 열려고 마음먹고 있다. 유리 친구들을 위한 선물도 짬짬이 직접 만들고, 여럿이 함께 할 수 있는 게임도 구상하고 있다.

이 모든 즐거움은 유리가 있었기에 가능한 것이다. 유리와 함께하는 행복이야말로 내 인생 최대의 선물이 아닐까?

유리가 훌쩍 자라 아가씨가 되었을 때를 상상해 본다. 이 책을 선물로 주고 싶다. 나에게 엄마의 고통과 행복을 한꺼번에 안겨 준 내 딸 유리에게……

1. 신생아 양육

엄마 되기

모성애는 본능이 아니다

영화배우 최민수씨의 아내 강은주씨는 출산의 경험을 참으로 감동적으로 나타내었다. 자연분만으로 아기를 낳은 고통과 기쁨을 "찬란한 아픔"이라고 표현했다. 또 어떤 산모는 자신의 아이를 받아 든 그 순간의 감동이 아이를 양육하는 내내 힘든 모든 일을 감당할 수 있게 해주었다고 한다. 그러나 나에게는 이러한 감동의 경험이 없다.

처음 유리가 태어났을 때, 갓난아기 유리는 그저 하나의 객체로서 돌보아야 할 대상일 따름이었다. 유리의 출산 당시를 돌이켜 보면, 제왕절개 수술을 하고 아무런 정신이 없었다. 이런 나를 절절

끓는 온돌방에 눕혀 놓고 뒤늦은 출산을 축하하러 온 가족이 우르르 찾아왔다. 겨울이었고, 방에 들어올 때마다 덥다고 코트를 벗는 바람에, 바닥에 누워 있는 나는 고스란히 그 먼지를 다 마셔야 했다. 저녁이 되어서야 정신을 차렸으나 목이 막혀서 한 마디도 나오지 않았다. 그냥 수술 후엔 그런가 보다 했다. 그러나 물휴지로 코를 닦아 본 순간 깜짝 놀랐다. 물휴지에 먼지가 까맣게 묻어 나오는 것이 아닌가?

조금 일찍 태어난 유리는 신생아 중환자실에서 상태가 좋지 않은 호흡을 극복하느라 혼자 애쓰고 있었다. 2,3일이 지나 몸을 혼자 움직일 수 있게 되어, 처음으로 찾아서 가 보았을 때는 링거를 꽂은 채 산소 공급을 받으며 커튼 속에서 호흡을 하고 있었다. 매일 면회할 때마다 링거가 꽂혀 있는 자리가 손에서 발로, 왼쪽에서 오른쪽으로 바뀌어 있었지만 바늘 꽂을 때 얼마나 많이 아팠을까 울지는 않았을까 등은 생각하지도 못했다.

그냥 신생아 중환자실의 다른 미숙아들보다는 너무나 인간답고 큰 아기라는 생각에 안도했을 뿐이었다. 병원에서 퇴원할 때 처음으로 품에 꼬옥 안아 들고 집까지 온 것이 가장 감동적인 출산의 기억이다.

집에 돌아와 처음 유리를 돌볼 때, 아기에게 우유를 먹인 다음 방에 재워 놓고는 어른들끼리 웃고 얘기하며 하루하루를 보냈다. 이때만 해도 유리와 내가 끊을 수 없는 연결 고리를 가진 관계라고는 생각되지 않았다.

모성애는 본능이 아니며 발달하는 데 시간이 걸린다고 한다. 로브슨Robson과 모스Moss(1970)의 보고에 의하면 출산한 54명의 여성 가운데 절반만이 자신이 낳은 아기를 처음 보았을 때 긍정적인 감정을 가졌다. 13퍼센트만이 자신이 느낀 감정을 '사랑'으로 명명하였고, 34퍼센트가 아무 감정을 느끼지 못했다. 또한 엄마가 자신의 아기를 사랑하는 데 약 3주가 걸렸으며, 거의 3개월이 넘어서야 아기에게 강한 애착을 가지는 것으로 나타났다.

나의 경우도 크게 다르지 않았다. 그저 다른 한 객체였던 아기를 돌보는 과정을 거쳐서야 유리는 나의 가슴에 점차 소중한 존재로 자리잡기 시작했다. 답답한 방안 공기 때문에 짜증내고 우는 아이를 토닥여 주었을 때, 시끄럽게 굴어 할머니도 감당이 안 되던 아이가 엄마가 불러주는 노래 소리에 조용해지던 때, 그즈음 밤에 잠을 안 잔다고 아빠에게 혼나고 서럽게 우는 아이를 업어 주고 눈 맞추고 얘기해 주며 재워야 했던 영아기 동안 점점 더 내 가슴을 아리게 하는 나의 아기가 되었다.

생후 1개월 무렵, 출산도우미가 퇴근한 후 유리가 잠든 것을 확인한 나는 씻으러 나갔다. 샤워하는 동안 혹시 유리가 깨지 않을까 걱정은 하였지만 막상 유리한테 가 보고선 너무 놀라고 당황하였다. 유리가 깨어 입술이 파래진 채 턱을 바르르 떨면서 울고 있는 것이 아닌가? 잠에서 깨어나 혼자인 것을 안 유리는 울음을 터트렸고, 울어도 아무도 와 주지 않으니 끔찍히 무섭고 화가 났을 것이다. 그 일을 생각하면 아직도 미안하고 가슴이 아프다. 그 이후로 아이가 자고 있어도 아이 울음이 들리지 않는 곳으로 절대로 가지 않았다.

지금은 오히려 유리와 함께 자고 일어난다. 먼저 일어나도 유리가 엄마가 부르는 소리가 들리지 않는 곳에 있지 않는다. 가끔 유리는 엄마에게 이런 말을 한다.

"난, 엄마 없으면 못 살아."

"엄마 죽지 마."

“엄마, 할머니 되지 마.”

“할머니 되면 그 다음에 죽잖아. 엄마 죽으면 나는 못 살아.”

캥거루 엄마는 마술사

캥거루 케어

오늘날 고령 출산과 환경 오염 등 여러 가지 문제로 인하여 미숙아로 태어나는 신생아는 매년 증가 추세에 있다. 전체 신생아의 약 4퍼센트가 미숙아로 태어나는 실정이다. 미숙아는 일상적인 환경에 적응할 수 있을 때까지 엄마의 태내와 유사한 환경인 인큐베이터에서 보호받는다. 미숙아는 질병에 걸리거나 중증 장애를 가질 가능성이 정상아보다 높고, 제대로 치료받지 못할 경우 사망률도 훨씬 높다.

남미 콜롬비아의 한 병원에서 있었던 일이다. 미숙아를 위한 신생아 집중치료실에 아기를 맡긴 엄마들이 걱정이 되어 집으로 돌아가지 않았다. 병원에서 서성이는 엄마의 모습을 본 담당 의사가 아기를 엄마들의 가슴 위에 올려 주어 아이를 돌보게 하였다. 엄마들은 정성스럽게 아기를 자신의 가슴 위에 올려 감싸 안고 자신의 심장 소리를 듣게 하고 쓰다듬으며, 신체적인 접촉과 사랑을 듬뿍 주었다. 이러한 치료를 받은 미숙아들은 인큐베이터에서 자라는 미숙아보다 하루 평균 40퍼센트 이상의 체중 증가율을 보였고 생존율 또한 높았다. 이를 캥거루 요법이라 부른다.

고령 출산으로 여러 가지 어려움을 겪으며 아기를 낳아 키우던 나 또한 캥거루 엄마 노릇으로 톡톡히 효과를 보았다. 신생아 집중치료실에서 퇴원하여 집으로 돌아와 우유 먹는 시간 이외에는 잠만 자던 우리 아기……. 그러던 어느 날 저녁에 예쁜 눈을 뜨고 집안을 휘 둘러보았던 그 순간은 지금도 잊을 수가 없다. 너무나 감격스러웠다.

그러나 이 감격은 함정이었다. 아기는 밤낮이 바뀌어서 출산 도우미가 있는 낮에는 우유 먹는 시간 이외에는 잠만 자고, 출산 도우미가 퇴근한 후인 저녁이 되면 깨어나는 것이다. 아기가 깨어나서 방긋방긋 웃고 즐겁게 논다면 아무런 문제가 없지만 우리 아기는 그렇게 수월하지 않았다. 보채고, 울고, 소리 지르기 일쑤였다. 한밤중 12시에만 잠들어도 얼마나 행복할까? 아기와 씨름하다가 새벽 4시가 되어서야 겨우 눈을 붙이는 게 거의 일상이 되곤 했다.

배가 부르면 잘 자겠지 하면서 우유를 먹여 보기도 하고, 자장가를 불러 주기도 하고, 심지어 야단도 쳐 보았다. 그 많은 방법 중에서 밤 늦게 따뜻한 물에 목욕시키는 방법이 그래도 가장 효과가 있는 것 같았다. 목욕하고 나면 기운이 빠져서인지 훨씬 덜 보채고 조용히 놀다가 잠도 조금 일찍 드는 듯이 여겨졌다.

그러나 이런 방법이 완전한 치료가 될 수는 없었다. 신경을 조금만 덜 쓰거나, 귀찮아 하면서 빨리 자라고 윽박지르면 오히려 더욱 거친 반응을 보였다. 백일도 안 된 아기가 어찌나 서럽게 울던지……. 낮잠은 정신없이 자면서도 밤에는 깊이 오래 자는 법이 없었다. 자면서도 짜증 섞인 소리를 내거나 한두 시간만에 깨어서 울고 소란을 피우는 일이 잦았다.

그러던 어느 날, 아기를 내 가슴 위에 올려 놓고는 감싸 안고 쓰다듬고 토닥이며 잠을 재우게 되었다. 그랬더니 이전보다 좀 더 깊은 잠을 자는 것 같았다. 자다가 깨어도 다시 토닥여 주면 이내 잠이 들곤 하였다. 그러면서 밤잠 자는 시간이 길어지고 조금씩 깊은 잠을 자기 시작하였다. 정서적으로도 들뜨지 않고 안정되는 듯 보였다.

신생아 시기에 신체적 접촉을 많이 받은 아기는 뇌세포가 활성화되어 뇌 기능이 전반적으로 우수해진다. 특히 언어와 기억을 담당하는 부위의 뇌가 활성화되는 경향이 있다. 엄마와 아기의 신체적 접촉은 신체 성장에도 영향을 미쳐 체중을 증가시키고 면역력도 키워서, 건강한 발달을 이룬다. 또한 정서발달에도 영향을 끼치는 것으로 보고되었다. 즉, 신체적 접촉을 많이 받은 아기는 심장박동이 규칙적이고 안정감을 갖게 된다.

캥거루 엄마들이 아기에게 주는 것이 정확히 무엇인지 물리적, 화학적으로는 설명하기 쉽지 않다. 그러나 분명한 것은 엄마와 아기 모두에게 편안함과 정서적 안정감을 가져다 준다는 것이다. 엄마와 아기 사이에 안정된 애착을 형성하게 해서 아기의 건강한 발달을 초래한다.

신생아실과 모자 동실

병원에서 갓 태어난 아기를 엄마와 함께 지내게 하면서 돌볼 것인가? 아니면 엄마와 따로 떼어내서 돌볼 것인가에 대한 상반된 의견이 많다. 갓난 아기는 면역력이 약해 사람과 접촉하면 질병에 감염될 가능성이 높다. 그래서 엄마일지라도 아기와 따로 떼어 지내게 하고, 아기는 신생아실에서 지내게 한다. 집에서 분만을 하던 과거에도 아기가 태어나면, 금줄을 치고 사람들의 출입을 막아 아기의 건강을 보호하는 풍습이 있었다.

오늘날 이러한 모자 분리에 대해 부정적인 생각을 가진 사람들이 많아지고 있다. 오히려 갓 태어난 아기를 엄마의 가슴 위에 올려 주어 엄마와 접촉하게 해 주고, 원하면 엄마와 아기가 함께 지낼 수 있는 모자 동실을 마련해 주는 병원도 상당히 많아졌다. 이러한 모자 동실의 유익함을 보여주는 연구가 있다.

독일의 교육학자 클라우스Klaus 등은 만기아를 출산한 28명의 엄마와 아기를 대상으로 연구를 진행했다. 먼저 산모를 두 그룹으로 나눴다. 한 그룹의 산모들에게는 짧은 시간만 아기를 직접 돌보게 하고 나머지 시간에는 신생아실에 두었다. 그리고 다른 그룹에게는 아기가 태어났을 때 산모가 맨몸인 채로 아기와 함께 있게 했으며, 훨씬 더 많은 시간을 아기를 돌보며 지내게 했다. 그 결과 아기가 1개월이 되었을 때 더 많은 접촉 시간을 가진 집단의 엄마들이 다른 집단의 엄마들에 비해 아기와 더 많이 신체 접촉을 가졌으며, 눈맞춤eye contact도 더 자주 하였다. 또한 아기가 울 때 더 자주 안아 주고, 더 오랫동안 달래 주고, 더 많은 시간을 집에서 함께 지냈다. 아기가 2세가 되었을 때, 엄마들은 세상에 대해 배우려는 자녀의 욕구에 더 민감하게 반응했다. 아동에게 2배나 더 많이 질문하고 더 많이 가르쳤으며, 명령은 적게 하였다. 이렇게 신생아 시기의 아기와 엄마의 신체 접촉은 엄마가 적절한 양육 행동을 하도록 유도하는 요인이 된다.

엄마의 이러한 양육 행동은 아기와 안정된 애착 관계를 형성한다. 또한 이를 통하여 아기가 정서적으로 안정될 뿐만 아니라 더 나아가 인지적인 발달을 유도해 총명하게 자라게 한다. 출산 직후 엄마와의 충분한 신체 접촉은 특히 미숙아와 질병이 있는 영아에게 더 큰 영향을 미칠 수 있다. 이는 아기의 스트레스 호르몬을 낮추어 주어 뇌 발달에도 긍정적인 영향을 미치게 하기 때문이다.

모든 것이 엄마 탓은 아니다

신체 접촉과 건강한 성장

아기와의 사랑이 담긴 신체 접촉은 아기의 성장에 필수적이다. 사랑이 가득한 신체 접촉은 정서적·인지적·신체적 성장에 영향을 주어 발달을 촉진한다. 특히 갓난 아기 시기의 풍부한 신체 접촉은 뇌 성장에 절대적인 영향을 미치며, 반대로 신체 접촉이 심하게 결핍될 경우 사망에까지 이른다는 보고가 있다.

사랑이 담긴 충분한 신체 접촉은 코티솔이라는 호르몬의 수치를 낮추어 준다. 이 호르몬은 스트레스가 높을 때 많이 분비되며, 어린 시절 이 코티솔 호르몬이 과도하게 분비되면 스트레스가 높아져 뇌의 인지 및 학습 기능을 위축시킨다는 보고가 있다. 아기 때의 신체 접촉은 따라서 이 코티솔 호르몬 수치를 낮추어 주어 뇌의 발달을 정상적으로 촉진시킨다. 이 수치가 높은 아기는 정신적·신체적 발달 수준이 낮다.

신체 접촉은 아이의 신체 발달에도 큰 영향을 미친다. 중세기 독일의 한 연구자는 아이에게 말을 해 주지 않을 경우 언어 발달이 어떻게 진척될까에 관심을 가지고 50명의 아이에게 음식을 먹이고 씻겨 주기는 했지만 말을 걸어 주지 않았다. 그런데 이 연구는 실패했다. 왜냐하면 그 아이들이 모두 사망했기 때문이다. 그 만큼 사랑이 담긴 신체 접촉은 생존을 위해 필수적인 것이고, 건강한 신체 발달에도 지대한 영향을 미친다고 할 수 있다.

신체 접촉은 엄마와 아기와의 애착 형성에 결정적인 요소이다. 애착이 잘 형성되어야 정서적으로 정상 발달을 할 수 있을 뿐만 아니라 인지적으로도 뛰어난 아이가 되고 리더쉽이 좋은 사람으로 성장할 수 있다. 이러한 애착 형성은 엄마의 입장에서도 중요한 요소이다. 아기를 돌보는 것이 매우 힘들고 자기 희생이 따르는 일이지만, 아기와의 애착 형성만 잘되면 아주 즐겁고 행복한 일이 되며, 힘든 과정을 기꺼이 극복해 낼 수 있게 해준다.

요즘 아기 때의 신체 접촉이 중요하다고 하여 엄마들 사이에서 베이비 마사지가 한창이다. 베이비 마사지를 많이 받은 아이는 감기에도 잘 걸리지 않고 설사도 잘 하지 않는다는 보고가 있고, 천식·심장 혈관 질환·피부염·불면증·스트레스 등의 질환에도 잘 걸리지 않는다.

나는 개인적으로 유리에게 베이비 마사지를 해주지 못했던 것이 얼마나 미안한지 모른다. 유리는 성격이 불같고, 화를 폭발시키는 경우도 자주 있었으며, 고집도 세고, 아무튼 상당히 까다로운 성격의 아이였다. 이런 아이에게 베이비 마사지라도 좀 해 주었더라면 조금 더 순한 아이가 되었을지도 모르는데 하는 안타까움이 지금도 일곤 한다.

유리가 어릴 때 밤잠을 안 자고 엄마를 애먹이면 주위에서 아기 몸을 좀 마사지해 주라는 조언도 더러 들었다. 그렇지만 과중한 육아로 인해 하루하루를 넘기는 것도 숨차던 시기라 엄두도 내지 못했다.

밤잠을 자지 않고, 간신히 들었다가도 어느새 깨어나 울고 보채는 바람에 업고 달래 주느라 엄마인 나는 수면 부족으로 체중조차 줄어들었다. 이런 나를 본 '엄마의 엄마'는 엉덩이를 때려 주고 야단도 좀 치라고 한마디 하셨다. 나도 너무 힘들던 때라 어머니 말씀대로 혼을 내기도 하고 화를 내기도 했지만, 아무런 효과가 없었다. 오히려 유리는 점점 더 크게 울어대거나, 심하면 토하기까지 하였다. 결국 내가 부드러운 목소리로 달래 주어야만 울음을 그치고 편안히 잠이 들었다.

자라면서 점점 예쁜 짓이 늘어 자연스럽게 사랑이 담긴 신체 접촉이 많아지고 성격도 조금씩 순해지는 것 같았다. 잘 되지 않는 발음으로 무엇인가 이야기할 때, 손때 묻은 껌을 주머니에서 꺼내 줄 때, 아빠가 엄마에게 큰소리 낸다고 아빠를 야단쳐 줄 때, 고사리 같은 손으로 엄마 약을 쥐고 입에 넣어 줄 때, 엄마하고 쪽 소리 내며 뽀뽀할 때의 사랑스러운 행동들이 자연스러운 신체 접촉을 유발하였다.

아이에게 어떤 문제점이 드러나거나, 기대만큼 잘 성장하지 못하더라도 모든 것이 양육자인 엄마의 잘못만은 아니다. 아이의 성격과 타고난 기질의 문제, 양육자에게 사랑스러운 행동을 얼마나 많이 하는가, 이 모든 것들이 서로 상호 작용한다. 양육자의 질 높

은 보살핌은 상대적인 것이며 아이와 엄마 두 사람 모두의 책임인

것이다.

엄마와 아기의 눈 맞춤

출생시 아기의 시각은 다른 감각에 비해 덜 발달되어 있다. 그러나 3개월이 되면 상당히 발달하여 성인과 비슷한 수준으로 사물에 초점을 맞출 수 있고, 엄마의 얼굴도 지각한다. 미국의 아동학자 베레라Barrera와 마우러Maurer는 3개월 된 아기가 낯선 사람 얼굴 사진과 엄마 얼굴 사진 중에서 엄마 얼굴 사진을 더 오래 응시하는 것을 보고 아기에게 엄마 얼굴을 구별하는 능력이 있다고 주장하였다.

생후 3개월부터 엄마와 아기는 자주 눈을 맞추며 다양한 상호작용을 한다. 그러므로 아기의 성장을 축하하는 백일이 되어도 엄마와 눈을 맞추지 않는 아기는 유심히 지켜볼 필요가 있다.

평소에 알고 지내던 선생님은 자신의 손녀가 백일이 되어도 눈을 맞추지 않자 뭔가 이상이 있다고 생각해 병원을 찾았다. 검사 결과 그 아기는 결국 뇌의 일부분이 없어 걷지도 못하는 심각한 장애아인 것으로 판명되었다. 엄마와 시선을 마주치지 못하고, 웃지도 옹알이도 하지 못하는 아이에게는 어떤 결함이 숨어 있을 확률이 크다.

자신의 아이가 말이 너무 늦는 것 같다며 상담을 해 온 선생님도 있다. 만 3세가 되었는데 거의 말을 하지 않는다는 것이다. 어르신들은 말이 늦되는 아이도 있다고 하면서 괜찮다고 하지만, 부모 된 입장에서는 걱정이 되기 마련이다.

아이들은 보통 만 1세에는 1단어 문장, 2세에는 2단어 문장, 3세에는 3단어 문장으로 말을 한다. 즉, 물을 마시고 싶을 때 1세 아이는 '물'이라는 1단어로 의사 표현을 하고, 2세 아이는 '나, 물', 혹은 미국 아이인 경우 'me, water'라고 말한다. 만 3세면 주어·동사·목적어를 사용하여 문장으로 말할 수 있어야 정상적인 발달이다.

문제가 된 아이는 1단어로도 의사 표현을 못하거나 말을 잘 하지 않고, 간단한 심부름을 시켜도 해내지 못했다. '방에 가서 연필을 가져오렴' 하고 시키면 방으로 가서 돌아오지 않는다고 하였다. 그 아이는 심부름을 하지 않는 것이 아니라 부모님 말씀의 뜻을 이해하지 못한 것이다. 상담 후에 이 부모는 아이를 병원에 데리고 가 진단을 받고 유아기부터 특수아를 위한 치료센터를 다니면서 발달 지체를 만회하고자 무척 노력하였다.

또 어떤 엄마는 만 4세 된 자신의 아이가 행동이 산만하고, 똑같은 사물의 이름을 여러 번 가르쳐 주어도 계속 되묻는다며 상의를 해 왔다. 일에 집중하지 못하고, 언어 발달도 늦다는 것이었다. 그래서 아기 때 눈맞춤을 자주 했느냐고 물었더니, 일하느라 바빠서 그럴 새가 없었다고 한다. 병원에서는 뇌 사진을 찍어 보자고 했지만 엄마는 동의하지 않았다. 대부분의 엄마들은 자신의 아이가 이상이 없으며, 단지 성장이 조금 늦을 뿐이라고 생각한다. 그래서 이 엄마에게 반드시 병원에 가서 뇌 사진도 찍어 보고 여러 가지 검사를 해볼 것을 권하였다.

눈맞춤은 아기의 정상적 발달을 확인하는 첫 번째 징표이다. 직장을 가진 엄마들이 어쩔 수 없이 아이의 양육을 다른 사람에게 맡기더라도 짬짬이 시간을 내어 아이와 눈을 마주치고 웃고 상호 작용하는 노력을 해야 한다.

눈맞춤은 아이의 발달을 자극하는 좋은 교육적 활동일 뿐 아니라 엄마와 아기가 정서적인 애착을 형성하는 데 필수적이다. 안정된 애착을 형성할수록 엄마는 아기를 정성스럽게 더욱 잘 돌보게 되고, 아기도 엄마라는 안전한 기지secure base가 있기 때문에 세상에 나가서 더 잘 탐색할 수 있게 된다. 그리고 이것이 아이가 인지적으로 더 잘 발달하게 되는 길이다. 엄마가 아기에게 주는 첫 번째 교육 작용이 눈맞춤이라는 것을 잊지 말아야 한다.

아이 양육은 아빠와 함께

전통적으로 가족의 역할 중 아빠는 도구적 역할을 수행하여 왔다. 즉, 가족의 생계 유지에 대하여 책임을 지고 아이 양육에는 간접적인 역할만을 담당했다. 그러나 최근 아빠도 아이 양육에 공동으로 책임지는 풍토가 형성되고 있다. 아빠가 남자라는 이유로 아이 양육에 생물학적으로 부적절한 것은 아니라는 주장도 있다. 실제로 필리핀 소수 부족의 경우처럼 문화에 따라서는 아빠가 직접 아이 양육에 책임을 지기도 한다.

아빠가 신생아 때부터 아기를 만져 보고, 안아 보고, 느껴 보는 행동을 할 때, 그리고 아기가 아빠가 있을 때 눈을 뜨거나, 아빠의 손가락을 잡거나, 품에 안겨 움직일 때 아기와 아빠는 강한 결속을 형성해 간다. 초기부터 이러한 관계를 형성한 아빠는 아기의 양육에 깊이 관여하고 8, 9개월이 되었을 때 아빠와 아기는 진정한 애착을 형성하였음을 보여준다(피터슨Peterson & 로브슨Robson). 그러나 신생아기의 양육 참여만으로는 부족하다. 건강한 아기의 임신을 위해 아빠는 술, 담배를 자제하고 유해 환경을 멀리하면서 건강을 돌보아야 한다. 또한 임신 중에도 아기에게 책을 읽어 주고 대화를 하는 등의 태교에 참여해야 한다. 오늘날 아기가 태어나는 순간을 함께 지킨 아빠들도 상당히 많다. 이는 아기에게보다 아빠 자신에게 더 중요한 의미를 가진다. 이렇게 태아기부터 아기 돌보기와 출산에 참여한 아빠는 아기에게 더 많은 애정을 가지고 능동적으로 양육에 참여하며 아기와 보다 긍정적인 상호작용을 한다.

가족들이 자신을 돈 벌어다 주는 기계로만 생각하는 것 같고, 스스로도 가족들로부터 외면당하고 있는 것 같다는 아빠들의 하소연도 자주 듣게 된다. 그러나 이는 어쩌면 아빠들 자신이 자초한 일이라고 할 수도 있다. 경제 활동에만 전념하고 아이 양육에는 적극적으로 개입하지 않음으로써 소외를 자초한 것이다. 미국의 아동학자 할로우의 실험에서 확인한 것처럼 철사 원숭이 엄마가 아무리 우유를 주어도 우유 마시는 시간 이외에는 부드러운 천으로 된 원숭이 엄마에게 가서 하루 종일 매달려 시간을 보내는 아기 원숭이의 상황을 생각해 보라. (이 책 정서편 〈애착과 리더쉽〉에서 이 실험 내용이 자세히 언급되었다.)

유리 아빠는 그 동안 아이 양육에 많은 부분을 담당하고 참여하였다. 출생 직후 유리가 밤낮을 바꾸어 애를 먹일 때도 주로 아빠가 업어 달래 주곤 하였고, 양치질도 밖으로 데리고 다니는 것도 주로 아빠의 몫이었다. 그럼에도 불구하고 유리는 엄마가 제일 좋고, 아빠는 두 번째란다. 늘 힘든 일은 아빠가 해 주는데도 속닥속닥 다정하게 노는 것은 엄마와 한다. 의무적인 양육 이외에 다른 어떤 것이 그와 같은 차이를 만드는 것이다. 부드럽게 감싸 주고, 유리의 감정에 공감하고 이해해 주며, 위로해 주고, 정서적 위안을 주는 부드러운 천의 역할에 아빠는 서툴렀던 것이다. 양육의 책임을 공동으로 분담한다고 하더라도, 그것이 전부는 아님을 알 수 있다.

또한 엄마가 아빠에게 아기를 돌볼 수 있는 기회를 배려해 주어야 한다. 미국의 연구(코헨Cohen & 캄포스Campos, 1974)에 의하면 부모가 함께 있을 때는 아기가 엄마에게 더 많이 가지만, 그 중 한 명만 있을 때는 엄마나 아빠에게 보이는 반응이 비슷하다. 유리의 경우도 엄마가 일 때문에 한동안 늦게 들어오고, 그 사이 아빠와 지내고 나면 '아빠, 아빠'를 외치면서, 그전에 엄마를 따라다니며 하던 행동을 아빠에게 했다. 엄마가 자리를 비켜 준다든지, 아빠와 단둘이 나들이를 한다든지 아기와 아빠, 둘만의 시간을 위한 노력이 아빠와 아기의 결속감을 훨씬 더 긍정적으로 발전시킨다.

엄마가 전업 주부이고 아빠가 경제적 책임을 지고 있어 아이 양육에 있어서 아빠가 간접적인 역할만을 하는 경우에도 물론 아빠의 역할은 상당히 중요하다. 경제적 안정과 더불어 부수적인 지원은 물론이고, 산후에 여러 모로 달라진 엄마의 모습과 사회적 활동의 제약으로부터 오는 스트레스를 이해하고 공동으로 나누어야 한다. 저녁 시간 혹은 주말에는 엄마가 아이로부터 벗어나 자신만의 휴식 시간을 가질 수 있도록 적극적으로 도와 주어야 한다. 특히 엄마가 가정과 직장을 병행할 경우에는 더욱 세심한 배려가 필요하다. 엄마가 편안하지 못한 상황에서 아이가 편안하게 양육될 수 없기 때문이다.

2. 사회성과 성 정체성

욕심 많은 아이

타협과 협상으로 한걸음 한걸음……

유리는 유난히 욕심이 많은 아이다. 만 1세부터 2세까지는 말이 잘 통하지 않고 아이와 씨름하기에 지쳐서 대개 원하는 만큼 해주려고 노력하였다. 무엇이든지 한 손 가득히 안겨주어야 했고, 과자도 항상 양손에 쥐어 주어야 했다. 소시지가 조금 큰 것 같아서 한 개만 주었더니 다른 한 손을 내밀며 '이 손에는 없잖아' 라며 하나 더 달라고 떼를 쓰기도 했다. 장난감도 자기 앞에 여러 개 가져다 놓고 놀아야만 직성이 풀리곤 하였다.

어린이집에서 정리 정돈을 하지 않는다고 선생님께 지적을 받기도 했다. 나는 유리가 정리 정돈을 싫어해서라기보다 가지고 놀던 것들을 내어 놓고 싶지 않아서일 거라고 생각했다. 가지고 놀았던 장난감들마다 자기 앞에 늘어 놓고, 다른 사람이 치우는 것조차 용납하지 못했다.

비디오를 보다가 잠들 때도 끄지 못하게 한다. 다시 볼 것이기 때문이란다. 그리고 조금 새로운 것이나 좋아하는 것이 있으면 머리맡에 줄을 세워 두고 잠을 자고, 일어나자마자 다시 찾는다.

이렇게 욕심이 많다는 것을 알기 때문에, 처음 백화점으로 나들이를 나갈 때 과자를 양손에 쥐어 주었다. 그래야지 다른 것을 사 달라고 하지 않을 것이라고 생각했다. 그러나 그것도 오산이었다. 지나가다가 자신이 먹어 본 떡이 진열되어 있는 것을 보고는 잠깐 멈칫 하더니 한 손의 과자를 입에 물고 떡 매장으로 달려 들어가 한 팩을 움켜잡는 것이었다.

어린이집에서는 간식 시간에 좋아하는 바나나가 나오면 양손에 하나씩 들고 입에 또 하나 무는 식으로 욕심을 부린다. 그래서인지 '많이' 라는 말은 굉장히 빨리 배웠다. 어린이집에서 공동 생활을 하고 있는데도 아직까지 별로 나아지지 않는다.

어린이집에서는 장난감을 친구들과 함께 가지고 놀아야 한다는 것을 중요하게 가르친다. 그러나 이것이 유리에게는 매우 어려운 일이었다. 유리가 친구들과 싸우는 대부분의 이유 역시 친구가 가진 장난감을 달라고 떼를 쓰기 때문이다. 어떤 친구는 잘 주지만 어떤 친구는 잘 주지 않으니까 그 친구와 주로 싸우는 것 같다. 만 2세때는 "주윤이가 때렸어요" "민주 좋아요, 민주가 장난감 줬어요"라는 말을 자주 하곤 했다.

만 3세가 되어 유치원에 다니면서 부모 알림장에 다음과 같은 선생님의 지적이 적혀 있었다. '친구들과 장난감을 함께 가지고 놀지 못함.' 그래서 이 버릇을 고쳐 주기 위하여 유리를 돌보는 베이비시터 선생님과 약속을 하였다. 유리와 싸우기 귀찮다는 이유로 유리가 원하는 대로 다 사 주거나 하고 싶은 대로 다 들어주지는 말자고. 먹을 것이나 장난감을 선생님이나 엄마와 나누어 먹고, 나누어 가져야 한다는 것을 경험하도록 해주자는 것이었다. 조금 성가시더라도 밀고 당기기를 해 줘야 할 것 같아서였다. 이러한 시도 이후 유리도 싸우지 않고 협상하려 드는 것을 볼 수 있었다.

엄마가 과자를 먹겠다고 하면,

"그럼, 엄마 조금만 먹어요. 많이 먹으면 안 돼요!"

혹은 자신이 먹을 때,

"많이 먹으면 배가 아프니까 조금만 먹을게요."

"지금은 치카 하기 싫어. 유치원 갔다 와서 할게요."

이렇게 발전하게 되었다.

그러나 친구들과 함께 어울려 놀아본 경험이 적은 탓인지 부모가 바빠서 신경을 못 쓰면 금세 욕심 부리는 아이로 돌아가 있곤 한다.

떼쓰는 행동

게다가 유리는 대단한 떼쟁이다. 만 1세~2세 때 유리는 자신이 원하는 것을 충족시켜 주지 않으면 울면서 떼쓰는 것은 기본이고, 길 가다가 바닥에 누워 버리기도 예사였다. 아직 말로 의사 표현을 잘 못하던 시기라, 도대체 무엇을 원하는지 몰라 요구를 제대로 들어 주지 못할 때에는 정말 난감한 적이 한두 번이 아니었다.

한번은 자기 감정을 못 이겨 마구 뛰어 가다가 벽에 머리를 부딪쳐서 상처가 난 적도 있었다. 밤에 자다가 울어서 업어 주고 달래 주어도 소리를 지르면서 우는데, 도대체 무엇을 원하는지 몰라 진땀을 흘릴 때도 많았다. 극도로 흥분한 채 울면서 눈도 제대로 뜨지 않고 달려가다 벽에 부딪칠 뻔한 걸 간신히 붙잡은 적도 있었다. 나중에 알고 보니 옷소매가 내려와 올려 달라는 것을 엄마가 못 알아들은 것이었다. 유리는 유난히 답답한 것을 참지 못한다.

백화점에서 만져 보고 싶은 것을 못 만지게 하거나, 자신이 가고 싶은 쪽으로 가지 않고 다른 물건을 보러 가면 바닥에 누워 아예 눈을 감아 버린다. 이때는 다른 사람 보기가 너무 창피해 유리를 안고 얼른 다른 곳으로 가 달래곤 했다. 식당에서 식사할 때는 함께 간 식구들이 도저히 식사하기가 힘들 정도였는데, 특히 뷔페식당에서는 이것저것 골라 가져 오고 싶어서 야단법석을 했다.

언젠가 떼쓰는 유리를 화장실로 안고 가서 혼내 주고 데리고 나온 적이 있었다. 예쁘게 행동한다는 약속을 받고 자리에 데리고 돌아왔다. 다시 자리에 앉은 유리는 좀전과 달리 무척 예쁘게 말하고 행동하며 식사를 하였다. 좀전에 무슨 일이 있었는지 모르는 아빠는 유리가 많이 점잖아졌다고 기뻐하면서 유리의 머리를 쓰다듬어 주었다. 사실은 화장실에서 엄마에게 혼이 나 옷에 쉬를 하고 울고 불고 하고 왔는데 말이다.

아이들은 아직 스스로를 절제할 수가 없기 때문에 외적인 규제가 필요하다. 자신이 감당할 수 있는 정도의 행동 기준을 세워 주어야 한다. 중요한 것은 아이의 요구에 민감하게 반응해 주되, 아이의 나이에 맞는 적절한 규칙을 적용하고 따르도록 요구해야 한다는 것이다. 일관성 없는 훈육은 아이의 떼쓰기 행동을 더욱 부추길 뿐이다.

요즘은 대부분의 아빠가 허용적이어서 공중 예의에 어긋나는 일도 모두 다 들어 주기 때문에 아빠에게 더 많이 떼를 쓰는 경향이 있다.

만 2세와 3세 사이에 의사소통 능력이 생기면서, 말뜻을 이해하지 못해서 생기는 유리의 행패 부리기는 급격히 줄었다. 만 3세에서 4세 사이에는 떼쓰기 행동이 거의 없어졌다. 자신의 정서 조절 능력이 생긴 덕분이다. 간혹 '그래도~' '한 개만……' 이라고 하면서 초콜릿을 더 먹고 싶어 하면, 지나친 스트레스도 좋지 않을까 봐 한 개 더 주기도 한다. 아직 자신의 정서를 통제할 수 있는 능력이 완전히 생기지 않았는데 외부의 압박에 못이겨 행동을 통제하다 보면 심리적 스트레스를 받을 수 있다. 아이의 정서 조절 능력이 어느 정도인가 가늠하면서 제재를 생각해야 하는 것이다.

　가끔 어떤 부모들이 한번 세운 규칙은 어떤 일이 있어도 아이에게 지키도록 한다는 말을 자랑스럽게 늘어놓는 것을 듣게 된다. 물론 일관성 있는 규칙의 적용이 효율적이고 최선이기는 하다. 그러나 아이가 자신의 정서를 조절할 수 있는 능력이 어느 정도인가를 세심히 살펴서 그 수준에 맞게, 그리고 조금 융통성 있게 적용하는 것이 좋다. 물론 정서 조절 능력이 발달하면 좀더 엄격하게 규칙을 적용하는 편이 옳을 것이다.

고장 났는데!
외적 통제

만 3세가 되기 전 아이의 행동을 통제하는 일은 정말 어렵다. 금지 이유를 부모가 설명하려 해도 아이가 이해하기 힘들기 때문에 막무가내로 떼쓰는 일이 잦다. 그러나 만 3세가 지나면서 아이는 부모의 논리적인 설명을 어느 정도 이해하고 받아들이며 부모가 정해 주는 규칙을 따르기 시작한다. 만 3세 이전의 유아를 공공장소나 식당에 데려가거나 친구 집에 데려가 놀 때에는 예상치 못한 문제가 일어날 수 있다는 것을 각오해야 한다.

유리가 만 1세에서 2세가 되던 시기에 우리 집의 집안 살림이나 가전 제품들은 거의 고장의 판결을 받아야 했다. 어른들이 필요에 따라 전원을 연결해 사용하고 난 전기 제품을 유리가 사용하려고 들면 "고장 났는데." 둘러대면서 작동을 못하게 했던 것이다. 호기심 왕성한 아이가 보는 것마다 달라고 하고 사사건건 자신이 해 보겠다고 하는 바람에 곤욕을 치러야 했다.

나는 유리에게 만져도 괜찮은 물건들은 당연히 실컷 만지게 하여 호기심을 채워 주고, 사물을 탐색할 기회를 주고자 애썼다. 이러한 활동은 인지 발달을 촉진시킨다. 장난감 상자와 옷 서랍, 방 안의 쓰레기통은 언제나 뒤지게 내버려 두었다. 방 안 쓰레기통은 유리가 뒤지기 좋게 못 쓰는 종이들을 넣어 두었다. 가만히 관찰해 보면 유리는 이것저것 뒤지기 시작하면 한 30분 이상 열중하는 편이다.

서랍의 옷들을 모두 밖으로 꺼내 놓고 자기가 들어가 앉거나, 장난감 상자의 장난감을 모두 꺼내고 그 안에 들어가려고 하던 모습이 아직도 생생하다.

그러나 아이들이 만져서는 안 되는 물건들 또한 많다. 위험한 전기 제품들, 약 상자, 화장품, 부엌 쓰레기통, 중요한 서류 등등……. 이 모든 것들은 숨겨 두고 사용해야 했지만 며칠만 지나면 숨겨 둔 장소가 금세 들통이 났기 때문에 이리저리 옮겨 가며 숨겨야 했다. 정작 나중에는 내가 그 물건이 필요해 찾으려다 어디 숨겨 두었는지 헷갈려서 찾지 못하는 경우의 낭패감이란!

한번 안 되는 것은 분명한 선을 긋고 일관성 있게 안 된다고 해야 하지만, 그것이 그리 쉬운 일은 아니다. 그래서 논리적인 설명이 통하지 않는 1세 정도의 영아에게는 별수없이 외적인 통제를 가할 수밖에 없다.

어느 날 유리가 밤늦게까지 비디오를 보겠다고 떼를 썼다. 할 수 없이 전기 코드를 빼 놓은 다음 유리에게 직접 전원을 켜 보게 하고는 비디오 장치가 고장이 났다고 했다. 어, 그랬더니 예상 밖으로 유리가 사태를 순순히 받아들이는 것이 아닌가. 그 다음부터 이 "고장났는데!"라는 말을 자주 써 먹게 되었다. 내면화된 자신의 규준에 따라 스스로 자기 통제 능력을 습득하기 전의 어린 아이에게는 분명히 아이의 수준에서 이해할 수 있는 외적 통제를 가하는 것이 현명한 방법이 될 것이다.

자기 조절 능력의 발달과 부모 역할

앞서 말한 것처럼 유리는 욕심이 많기 때문에 보는 것은 무엇이든지 손에 넣으려고 했다. 하지만 만 2세 때는 장난감을 사서 소유한다는 개념이 없었다. 장난감 가게에서 만지고 노는 것이 전부인 줄 알았던 것이다. 일단 장난감으로부터 떼어 놓고 돌아오면 그것이 전부였다. 그러나 만 3세가 되어갈 무렵부터는 아이스크림·사탕·초콜릿부터 시작해 장난감까지 사달라고 조르는 경우도 많아졌다. 마음에 안 들면 백화점이나 가게에서 바닥에 드러눕기가 예사였다. 창피하니까 얼른 안고 가서 달래기도 했지만, 아이의 떼쓰기 행동에 어른이 지게 되면 이런 행동은 계속되기 마련이다.

장애를 지닌 어떤 아이가 장난감을 두 개 사겠다고 떼를 쓰자 엄마는 하나만 살 수 있다며 서로 실랑이를 벌였다는 이야기를 전해 들은 적이 있다. 장애에 대한 특별 대우를 기대해 소리 지르고 공적인 장소에서 소란을 피우면, 엄마들은 대부분 아이에게 져 주는 경우가 많다. 그러나 이 엄마는 끝까지 인내하면서 하나만 사게 하는 기준을 지키도록 하였다. 이러한 일관성 있는 규칙의 적용을 통하여 이 장애아는 적절히 사회 생활에 동화될 수 있는 훌륭한 사회인으로 성장할 것이다.

자기 조절 능력이란 즉흥적이거나 충동적인 행동들을 스스로 사전에 방지하여 사회적으로 적절하다고 판단되는 행동은 실행하고, 부적절하다고 생각되는 행동은 억제, 유보하는 능력을 말한다. 유아기는 자기 조절 능력이 아직 덜 발달한 탓에 충동적 경향이 강하고 상황에 따른 적절한 행동을 하지 못한다.

스텐포드 대학 심리학과의 월터 미쉘Walter Mishell 박사는 흥미로운 실험 한 가지를 실시하였다. 4세 아이들을 빈 방에 두고 마시멜로를 주면서. 지금 당장 이 마시멜로를 먹어도 되지만 30분

후에 내가 돌아올 때까지 기다리면 하나를 더 주겠다고 이야기하고 방을 나갔다. 연구자가 방을 나가자마자, 금방 먹어 버리는 아이, 먹고 싶은 유혹을 뿌리치려고 고개를 숙이거나 눈을 감은 아이, 노래를 부르며 딴 곳으로 관심을 돌리려 애쓰는 아이, 기다리다가 잠이 든 아이 등 다양한 반응이 드러났다. 연구자가 30분 후에 돌아와 그때까지 먹지 않고 기다리면 아이들에게는 마시멜로를 하나씩 더 주었다. 실험의 대상이 되었던 아이들이 고등학교에 입학한 후에 이들을 추적한 결과 놀라운 사실이 발견되었다. 4살 때 당장 먹고 싶은 유혹을 뿌리치고 마시멜로를 기다린 아이들은 대체로 적응을 잘 하고 인기가 많고 모험심이 강한 청소년이 되었고, 이에 반하여 기다리지 못한 아이들은 사회적으로 외톨이가 되거나 도전을 두려워하며, 심한 스트레스에 시달리는 모습을 보였다고 한다. 그뿐만이 아니라, 미국의 대학 입학 시험인 SAT 점수에서도 커다란 차이를 보였다. 이렇게 어릴 때부터 자신의 욕구를 조절할 수 있는 아이들은 커서 사회 생활과 학업 성취에서 성공할 확률이 매우 높다.

자기 조절 능력이 발달하는 유아기에는 특히 부모의 역할이 중요하다. 유아기는 혼자 힘으로 자기 내적 기준을 정하거나 자신을 조절하지 못하는 시기이다. 적절한 수준에서 부모가 외적 기준을 정하고 지키도록 도와줘야 한다. 물론 너무 이른 나이에 엄격한 기준을 세워 따르도록 하면 아이에게 스트레스가 되고, 반대로 요구를 너무 많이 들어 주면 자기 조절 능력이 발달하지 않게 된다.

유아가 성장함에 따라 자기 조절 능력도 점차 발달해 간다. 이렇게 자기 조절 능력이 생기면 스스로 규칙을 세우고 지킬 수 있는 기회를 만들어 주는 것이 중요하다. 유리의 경우도 만 3세 이후에는 가게에 갔을 때 물건을 한 가지만 살 수 있다는 기준을 정해 주었다. 만 4세가 되었을 때는 초콜릿이나 사탕은 식사 후에 먹을 수 있고, 먹고 나서는 바로 양치질을 해야 한다는 규칙을 지키게 했다. 그랬더니 그렇게 좋아하는 초콜릿도 엄마의 허락 없이는 절대로 먹지 않았다.

그러다 보니 아빠와 쇼핑을 하고 나면 자기가 왜 이런저런 물건들을 샀는지 말도 안 되는 구실을 붙여 설명하곤 했다. 아빠와 하루를 함께 지내고 나면 한 번에 한 개만 살 수 있다는 기준을 어느새 두 개를 살 수 있는 기준으로 바꾸어 달라고 협상을 해 온다.

하지만 기준이 한 번 깨어지면 다시 지키게 되기까지 상당 기간 실랑이를 벌여야 하므로 그럴 순 없다.

유리는 항상 새로운 도전을 해오기 때문에 늦깎이 엄마는 한시도 긴장을 늦출 수가 없다. 심지어는 아빠와 비싼 물건을 사고 나서 엄마에게는 그 가격이 얼마인지 말하지 말아 달라고 부탁하기도 했다. 한 번은 초콜릿 모양의 지우개가 여러 개 늘어 있는 지우개통을 사 가지고 들어와서는, 이것은 아빠 것인데 자신이 함께 사용할 것이라고 둘러대기도 했다.

늦게 얻은 아이의 경우 어리광을 정도 이상으로 받아 주어서, 자기 조절력이 부족한 아이로 성장하기 쉽다. 내 아이가 특별할수록 보편적인 사회 기준을 지키도록 양육하는 것이 바람직하다.

스티커를 사는 것은 바보짓이야

경제 교육

유아기 때 습득한 생활 습관은 성인이 되어도 지속되기 때문에 매우 중요하다. 주머니에 당장 돈이 없어도 신용 카드로 무엇이든 구매할 수 있는 현실에서 자칫하면 우리가 자신을 절제하지 못하고 자신의 경제 능력을 벗어나는 행동을 하기쉬운 과소비를 저지르는 문제를 생각해 보자.

유아기 때부터 쇼핑하기 전에 필요한 물건을 선정하고 그에 따라 구매 행동을 실천하는 습관을 몸에 익히도록 교육시켜야 한다. 충동 구매가 되지 않도록 미리 계획을 세워 구매하는 습관을 익히게 하는 것이 매우 중요한 것이다.

유리는 언제나 필요 이상으로 가지려고 하고, 보는 것마다 모두 사고 싶어 한다. 그래서 앞서 말한 것처럼 나는 유리를 데리고 나갈 때면 한 번에 한 가지만 사야 한다는 규칙을 정하고 지키도록 하였다. 아이스크림도 먹고 싶고 과자도 먹고 싶지만 둘 중 하나만 골라야 한다고 제한을 둔다. 그러면 유리는 언제나 한 가지만 선택하고 다른 것은 "다음 주에 사요" 하면서 아쉬움을 표시한다. 문구점에 가면 왜 그리 사고 싶은 것이 많은지, 이것저것 고르고 만지고 들추어 보지만, 반드시 꼭 한 가지만 사도록 했다. 그것도 너무 비싸지 않은 것으로.

하지만 아빠랑 한번 나갔다 오면 이런 규칙이 무너지고 만다. 과자도 커다란 봉지에 든 것으로 사고, 그리고 유리의 눈길을 사로잡는 물건들을 잔뜩 사 온다. 원하는 것을 모두 사 주는 것이 결코 아이를 위하는 일은 아닌데도 말이다. 유리는 유난히 스티커를 좋아한다. 스티커 가운데는 비싼 것도 있는데, 엄마가 비싸다고 안 사 주면 어느 새 아빠랑 같이 나가서는 그 비싼 스티커를 여러 장씩 사 오곤 한다. 그리고는 아빠 팔에 옷에 이마에 손등에 온통 스티커를 붙여 놓고 떼지 못하게 해서, 스티커를 붙인 모습으로 아빠가 외출을 한 적도 있었다.

어느 날 유리의 스티커 사는 일에 제재를 가해야 할 일이 벌어졌다. 유리가 스티커를 친구 옷에 붙여 주고 있었다. 처음에는 좋아하는 것 같더니 친구가 금방 스티커를 옷에 붙이는 것이 싫다고 하자 유리는 또 유리대로 붙이고 있으라며 실랑이를 벌이기 시작하였다. 그 모습을 본 나는 유리를 강하게 훈육하였다.

"스티커를 사는 것은 바보짓이야. 이렇게 비싼 스티커를 많이 사는 사람은 바보지."

라고 하자, 유리가

"비싼 것을 많이 사서 바보예요?"

하고 물었다.

"그래, 비싼 것을 많이 사는 짓은 바보짓이지. 그런데 안 비싼 것도 필요 없이 많이 사면 바보야."

"그럼, 이 스티커 다 쓰면 그때는 사도 돼요?"

유리의 엉뚱한 질문에는 할 말을 잃었지만, 그 뒤로 유리는 비싼 스티커를 함부로 사들이지 않게 되었다.

불완전한 성 정체성

유리가 만 3세가 되면서 화장실에 있는 아빠를 들여다보거나 학급 친구들이 쉬하는 모습을 보고는 질문도 잦아지고, 자신도 서서 쉬를 해 보겠다고 흉내를 내기도 했다. 질문도 잦아져서 엄마가 자기를 어떻게 낳았는지, 아기가 어디로 나오는지 묻는다. 이제 프로이트Freud가 말하는 남근기에 접어들어 성에 대하여 관심을 가지는 시기인가 보다.

자신이 남성인지 여성인지를 이해하고, 자신이 남성 혹은 여성임을 받아들이는 것을 성 정체성gender identity이라고 한다. 만 2세 정도의 어린 유아들도 자신과 친구들이 남자인지 여자인지 구분할 수 있다. 그러나 아직 완전한 성 정체성을 완전히 획득한 것은 아니다. 사람의 성이 평생을 걸쳐 동일한 성으로 존재한다는 것을 이해하는 성 안정성gender stability, 외양을 다르게 꾸며도 다른 성으로 바뀌지 않는다는 것을 이해하는 성 항상성gender constancy을 단계적으로 획득해야만 완전한 성 정체성을 가지게 되었다고 말할 수 있다.

어린 유아들은 자신이 여자이지만 또 남자가 될 수 있다고도 생각한다. 남자아이들은 치마를 입으면 여자가 될 수 있다고 생각하고, 여자아이들은 머리를 짧게 깎으면 남자가 된다고도 생각하여 절대로 머리를 자르려 하지 않는 경우도 나타난다. 이는 성 안정성과 성 항상성이 아직 획득되지 않았기 때문이다. 대체로 만 3, 4세가 되면 성 안정성을 획득하기 시작하고, 유아기 말기 정도 되어서는 성 항상성을 획득하게 된다.

발레를 좋아하는 남자아이 태연이

양성성 키우기

유리의 같은 반 친구 중에 태연이라는 남자아이가 있다. 그런데 태연이는 남자아이들이 흔히 좋아하는 대부분의 운동을 싫어했다. 태연이 엄마는 태연이가 남자답고 씩씩하게 자랐으면 좋겠다고 한다. 그래서 여러 가지 운동을 권해 보았지만 별 흥미를 보이지 않았다고 한다. 특히 남성다운 운동인 태권도를 배우라고 했더니 '엄마는 싸우는 것은 나쁘다고 하면서, 왜 싸우는 것을 배우라는 거예요?' 하면서 거부했단다. 이런 태연이가 좋아하는 것이 있다. 바로 유치원에서 하는 발레 활동이다.

태연이 엄마는 아들의 이런 행동이 매우 걱정스럽다. 유아기는 남성 혹은 여성으로서의 역할을 습득하는 시기임에 분명하다. 그러나 남자를 흔히 말하는 '남자답게'만 키우는 것이 반드시 바람직한가는 좀더 생각해 보아야 한다.

남성 혹은 여성으로서 사회적으로 적절한 행동을 받아들이고 채택하는 것을 성 역할gender role이라 하고, 남성 혹은 여성의 전형적인 행동 혹은 활동으로 판단하는 것을 성 역할 고정 관념 sex-role stereotype이라고 한다.

흔히 사람들은 남자는 공격적·독립적·활동적이며, 여자는 감정적·의존적·수동적이라는 고정 관념을 가지고 있다. 이러한 고정 관념은 여성이 사회적으로 불리한 역할을 받아들이게 하고, 남성이 사회를 지배하는 역할을 맡도록 유도하기 때문에 바람직하지 않다. 이는 부모가 은연중에 말하는 "남자는 ～해야 돼" "여자가 무슨 그런 행동을 하는 거야" 같은 표현에 영향을 받거나, TV나 동화책에 나타나는 등장 인물의 행동, 가치관을 모방하여 습득한 것이라고 할 수 있다.

나는 유리에게 "여자가 왜 그래?" "여자니까 얌전히 굴어야지" 등의 말은 하지 않는다. 그래서인지 유리는 남자아이들이 하는 행동도 따라 하는 경우가 많고, 남자아이들과도 잘 어울리며 거리낌 없이 행동한다. 그러나 나 역시 유리를 쉽게 다루려고 좀더 얌전이 행동할 때 칭찬하게 된다는 걸 부인할 수 없다.

요즘은 남성은 남성답게, 여성은 여성답게 행동하라는 전형적인 성 역할 고정 관념을 강요하는 것이 바람직하지 않다는 견해가 강하다. 그래서 양성성이라는 개념이 중요시된다. 양성성이란 남성적 특성 및 여성적 특성을 남자와 여자 모두 함께 가지는 것을 의미한다. 즉, 남자도 강하고 독립적이면서 동시에 여성의 장점인 감성적이고 남을 배려하는 성향을 가질 수 있고, 여자도 여성적인 부드러움과 함께 독립적이고 진취적인 성향을 가질 수 있다는 얘기다.

유아들에게 '남자답게' 혹은 '여자답게' 라고 강조하기보다는, 남성적인 장점과 여성적인 장점을 동시에 키울 수 있는 교육을 적용하는 것이 성에 구애받지 않고 자아를 개발하며 자신의 능력을 맘껏 발휘할 수 있게 해 준다. 유리도 감성이 풍부하고 민감한 여성적인 성향은 그대로 간직하면서, 진취적이고 성취 지향적이며 독립적인 남성적 특성 또한 계속 키워 나가서 사회에서 성공하고 독립적으로 잘 살아갈 수 있는 사람이 되었으면 좋겠다.

3. 정서

부드러~운 이불

유리를 낳은 병원을 나오며 유리의 몸을 처음 감싸 주었던 속싸개는 아직까지도 부드럽다. 속싸개는 두 가지로 준비해서 그 이후에도 계속 몸을 감싸 주거나 이불로 사용했다. 그런데 유리는 이 두 가지 이불 중에서 조금 더 부드러운 것에 절대적인 애착을 가진다. 생후 몇 개월이 지나 덜 부드러운 이불을 덮어 주자 던져 버리고는 부드러운 것만 찾는 모습을 보였다.

잠잘 때는 부드러운 이불이 있어야 했고, 이불을 덮어 주면 왼쪽 엄지손가락이 자동으로 입에 들어가곤 했다. 오른손으로 이불을 만지면서 왼쪽 엄지손가락은 입에 넣고, 머리를 땅에 박고 엉덩이를 산처럼 하늘 높이 번쩍 쳐든 모습을 보면서 모두 함께 웃곤 했다. 부드러운 이불을 만지고 손가락을 빨면서 편안함을 느끼는 것 같았다. 유난히 예민하고 감정 표현이 강한 유리이지만 이불만 덮어 주면 대체로 편안함을 느낀다. 때문에 울거나 심사가 뒤틀리는 일이 있으면 바로 이불을 주어 달래곤 했다. 그랬더니 더욱 이불에 애착심을 표현했다.

백일 사진을 찍으러 가는 것을 시작으로 6, 7개월 이후부터는 가끔 긴 시간이 걸리는 장거리 외출을 하곤 했다. 오랫동안 차 안에 있는 것을 못 참아 소리를 지르고 울어대면 통제할 수 없는 경우가 다반사였고, 특히 잠잘 시간이 가까워 오면 잠 투정이 거의 광란의 지경을 연출하였다. 나는 놀라서 허둥대며 후회하곤 했다. "아뿔싸, 부드러운 이불을 가지고 오는 것을 깜박했구나!" 그 다음부터는 긴 시간이 걸리는 장거리 외출 때에는 항상 부드러운 이불을 제 1순위로 챙기게 되었다.

돌이 지나면서 동네 놀이터나 이웃 친구 집에 외출을 하곤 했다. 말이 트이고 나서부터는 외출에서 돌아오면 '부드~운 이불'을 찾았다. 발음이 정확하지 않아 무엇을 찾는지 몰라 몇 번을 되물어 보니, 자신의 제 1호 보물인 부드러운 이불을 찾는 것이었다. 피곤해 해서 조금 쉬게 하거나 잠을 재우기 위해서는 부드러운 이불을 덮어 주어야만 했다. 쉴 때에도 부드러운 이불과 한시도 떨어지지 않으려 했기 때문에, 빨래라도 하려면 유리 몰래 빨고 잽싸게 말려서 잠자리에 드는 시간 전에 대령해 놓아야 했다. 이 이불을 던져 버리고 정서적으로 독립하는 날이 언제나 올까 심히 걱정되기도 하고 이불을 항상 끌고 다녀 자주 빨다 보니 낡아서 해어지기도 했지만, 그렇다고 이불을 바꾸어 줄 수도 없었다.

어떤 아이의 아빠는 너무 낡고 지저분해진 이불에서 아이를 떼어 놓기 위해 이불을 태워 없애버렸다고 한다. 그러나 이러한 방법은 위험스럽기 짝이 없다. 미처 준비가 되지 않았을 때 억지로 빼앗으면 아이는 정서적으로 불안해져 이불 대신에 입술을 깨문다든지 손톱을 물어뜯는다든지 하는, 더 해로운 위안 방법을 찾기 마련이다.

미국에서 공부할 때 만 2세 이전의 아이가 어린이집에서 이불을 질질 끌고 다니는 것을 관찰한 적이 있다. 이 아이의 이불 끌고 다니는 행동이 언제 변화하는가가 그 학기의 관찰 주제였다. 처음에는 이불을 가지고 다니다가 조금 흥미로운 장난감이 생기면 이불을 놓고 잠시 가지고 놀다가 다시 이불을 끌고 교실 안을 이리저리 돌아다니는 것이었다. 시간이 지날수록 이불을 손에서 놓는 시간이 길어지고, 장난감·친구·선생님과 상호 작용하는 시간이 길어졌다. 그 학기의 마지막에 가서는 선생님들이 강요하지 않아도 교실 안에 이불을 가지고 들어오지 않게 되었다.

　유리의 경우, 이불에 애착을 가지는 것이 그다지 해로울 이유도 없어서 그냥 두었다. 만 3세 반이 된 어느 날, 잠자기 전에 유리가 이 이불을 어디서 샀느냐고 물었다. 백화점에서 샀다고 하자 어느 백화점에서 샀느냐고 또 묻더니, 난데없이 이제는 백화점에 도로 가져다 주라는 것이었다. 잠잘 때는 빼놓지 않고 이불을 만지거나 안고 자는데 웬일인가 싶어 옆에다 치워 두었더니, 아니나 다를까 "이불 한번만 만져 볼래"라고 다시 말하는 것이었다. 그런데 한번 만지고는 "아이, 부드업다~"하더니 다시 가져가라 하고 그냥 잤다. 이불 만지는 것에 대해서 만지지 말라는 이야기를 전혀 한 적이 없는 것 같은데 스스로 이불에 대한 집착을 버리려고 하다니, 유리의 독립심과 자아 통제력이 쑥쑥 자라나는 것 같아 나는 남몰래 흐뭇했다.

만 4세가 되던 달 할머니 댁에 가서 자고 온 적이 있었다. 그날 유리의 보물 제 1호인 이불을 할머니 댁에 두고 왔다. 이후 가끔 이불을 찾을 때는 "할머니 집에 두고 왔잖아. 아빠가 다음에 찾아오실 거야."라고 설명했다. 아빠가 빨리 가져오지 않는다고 원망할 때도 있었지만, 할머니가 보내 주신 이불을 감춰 두고 한 달 정도 주지 않았다. 어느 날 너무 많이 찾고 울어서 결국 내주었지만, 그전 같은 집착을 보이지는 않았다. 예쁘게 접어서 간직하거나 인형들을 덮어 주었다. 자신을 통제할 수 있고, 자기 앞에 펼쳐진 상황을 올바로 이해할 수 있을 때, 아이들은 자연스럽게 스스로의 행동을 고쳐 나간다. 그러한 능력이 아이들에게 충분히 부여되기 때문에 엄마는 옆에서 아이를 자연스러운 방향으로 유도해 주는 역할을 기꺼이 수행해야 한다. 강압적인 교육은 아이들에게 오히려 해를 끼칠 뿐이다.

세상에서 가장 맛있는 엄지손가락

손가락 빨기

아이들의 빨기 욕구는 정말 강하다. 심리학자 프로이트 Freud에 의하면 0세에서 만 2세까지는 구강기에 해당하기 때문에 손가락을 빠는 즐거움을 추구하는 아이들이 많다. 무엇인가를 빠는 것이 아이에게 큰 위안과 즐거움을 준다. 그러나 이를 그만두게 하는 일은 무척 어렵다. 구강기 동안 빨기 욕구를 과소 충족시키거나 과다 충족시키는 것은 성인이 되어서까지 문제가 될 수 있다.

집안 어른들께서는 치아 모양이 나빠진다고 손가락을 못 빨게 하라고 하시지만, 그럴 경우 유리가 부리는 행패를 감당할 대안이 마땅치 않았다. 잠자기 전이나 피곤해서 누워 쉴 때, 혹은 TV나 비디오를 볼 때도 손가락을 입에 넣고 빨곤 했다. 재미있고 흥미로운 놀잇감을 가지고 놀 때에는 손가락을 입에 넣을 수가 없기 때문에 괜찮지만, 잠을 잘 때나 쉴 때에는 미리 알아서 유리의 손을 항상 깨끗이 씻어 주었다.

조금 커서 말을 할 수 있게 되었을 때, "손가락 왜 먹니? 맛있니?"라고 하면 "응, 맛있어."라고 대답하곤 했다. 오른쪽 엄지손가락도 먹어 보라고 입에 넣어 주면 이 손가락은 절대로 먹지 않는다. 그건 맛이 없단다. 손가락 먹지 말라는 정도의 이야기도 해 보고 손을 잡아 주기도 했지만, 이 정도로는 어림없다.

예전에는 손가락에 쓴 약을 발라 주거나 붕대를 감아 주는 방법도 손가락 떼기 수단으로 자주 사용되었다. 요즘은 치과에서 손가락을 입에 넣으면 따끔따끔하게 느끼도록 하는 장치를 마련해 준다고 한다. 아직 충분히 성장하지 않은 아이에게 이런 강제적인 방법은 너무 큰 스트레스를 주고 부작용을 가져올 수 있다.

이웃집의 지수 엄마는 고무로 된 손가락 모형을 끼워 보았지만, 지수가 한순간에 죄다 물어 뜯어 버렸다고 한다. 그래서 만 3세가 된 어느 날 아침, 양쪽 엄지손가락을 비교해 보이면서 평상시에 빨고 자는 손가락이 짧아졌다고 쇼를 했단다. 빠는 손가락을 약간 밑으로 내려서 두 손가락의 키를 비교해 보이면서 깜짝 놀란 목소리로, "어, 이 손가락이 짧아졌네. 네가 밤새 먹어 버려서 이렇게 짧아졌잖아." 했더니 지수도 굉장히 놀라더라는 것이다. 그 다음부터 엄미가 잠을 잘 때 손을 잡아 주는 정도의 도움만으로 손가락 먹는 습관을 고쳤다고 한다. 그러나 유리의 경우도 만 3세가 되었을 때 같은 수법을 써 보았으나, 그다지 심각하게 받아들이지 않고 장난스럽게 여겼다. 상황을 심각하게 이해할 만큼 아직 충분히 성장하지 않았기 때문이라고 판단되었다.

유리는 만 40개월이 되어서야 어느 정도 자신을 통제할 수 있는 능력을 갖게 되었다. 어느 날 유리가 칼에 손가락을 베어 피가 났다. 그것도 저녁에 엄마가 씻고 있는 중에 생긴 일이라 피가 나는 손가락에 약을 바르고 붕대를 감아 주는 정도로 처리를 끝내야 했다. 그런데 더욱 심각한 것은 다친 손가락이 잠을 잘 때 항상 빠는 왼쪽 엄지손가락이었다는 것이다. 유리는 오른손으로는 부드러운 이불을 움켜 쥐고, 왼손 엄지손가락은 입 속에 넣고서야 잠을 자는 아이인데……. 이 두 가지 중 한 가지만이라도 충족되지 않으면 세상이 무너지는 것처럼 야단이 벌어졌다. 오늘 저녁을 어떻게 넘길 것이며 어떻게 잠을 잘까 걱정이 되었지만 이를 좋은 기회로 삼고자 하였다. 이제 손가락 빨기 습관에서도 자기 통제력을 발휘할 수 있어야 하는 것이다!

그날 저녁은 정말 힘들었다. 매일같이 빨고 자던 손가락을 입에 넣지 않고 잠을 청하기란 유리 스스로도 굉장한 인내와 노력이 필요했을 것이다. 이리 뒤척이고 저리 뒤척인 끝에야 간신히 잠을 청할 수 있었다.

그 다음 날부터 유치원 선생님의 협조를 얻어 손가락 붕대를 계속 감아 두면서, 만약 풀면 큰일 나는 것처럼 쇼를 조금 했다. 그랬더니 유리 스스로도 참고 이겨내려고 노력하는 빛이 보였다. 간혹 참기 힘들다 싶으면 엄마에게 달려와 손을 꼭 잡아 달라고 했다. 이제는 상황에 대한 이해와 함께 자신의 욕망을 억누를 수 있는 통제력이 생긴 것이다. 우선 붕대를 감지 않으면 피가 난다는 것을 이해했고, 손가락을 빨고 싶은 유혹을 참고 견딜 수 있다는 뿌듯한 자아 존중감이 뒷받침되었다.

매일 붕대를 갈고 가끔은 약도 발라 주면서 1주일을 견뎠다. 유리는 드디어 손가락을 빨지 않고 잠을 잘 수 있게 되었다. 손가락이 다 나은 후에도 손가락 빨고 싶은 생각이 들면 스스로 붕대를 감아 달라고 말하기도 하였다. 결국 40개월이 되자 유리 스스로 자신을 조절할 수 있는 능력이 생겼고, 자연스럽게 손가락 빨기를 떼었다. 그 후 지다기 가끔 손가락을 뻴기도 하였지만, 옆에서 자고 있는 내가 곧바로 손가락을 빼어 주거나 스스로 제재를 가했다. 자신을 통제할 수 있는 능력이 생긴 것이다. 무엇보다도 성장의 힘이 크다.

애착과 리더십

애착이란 어린 영아 혹은 유아가 자신을 돌보아 주는 사람들과 강한 정서적 유대감을 형성하는 것을 말한다. 처음에는 주 양육자 한 사람과 애착을 형성하다가 점점 가족·선생님으로 그 대상을 넓혀 간다. 애착은 아기의 생존에 필수적인 본능적 기제로서, 후기의 정서적 발달은 물론 사회성 및 인지 발달과도 깊은 관련을 맺는다.

애착은 대체로 안전한 애착, 회피적 애착, 양면적 혹은 저항적 애착 등 3가지 유형으로 나뉘어진다. 엄마가 아기의 요구에 민감하게 반응해 주면 안전한 애착을 형성한다. 안전한 애착은 아기와 엄마 사이에 두터운 믿음을 형성해서 아기를 더 정성껏 양육하도록 유도한다. 안전한 애착이 생기면 아기는 스트레스를 받는 상황에 처해서도 엄마가 가까이 있으면 위안을 얻고 안정된다. 이에 반해 회피적 애착은 엄마가 곁에 있든 없든 상관없이 스트레스 상황에서도 엄마를 피하는 행동 유형을 보이는 양상이다. 저항적 혹은 양면적 애착은 엄마에게 가까이 가고 싶으면서도 엄마에게 저항하는 행동을 보이는 양상이다.

유리는 평상시에 엄마한테 너무 달라붙어 곤란할 정도로 안전한 애착이 잘 형성되어 있다. 낯선 상황이나 무서운 곳에서는 애착의 정도가 더욱 심하게 나타난다. 유리가 8개월 정도 되었을 때, 갑자기 아파 병원 응급실에 간 적이 있었다. 병원 이곳저곳을 옮겨다니면서 검사를 받으러 다녔는데, 유리는 엄마만 찾았다. 평소 엄마보다 더 오래 함께 지냈던 이모(베이비 시터)도, 자주 안아 주었던 아빠도 아무 소용이 없었다. 하루 종일 같이 지내면서 아이를 귀찮아하는 엄마보다, 직장 다니느라 많은 시간을 함께 있어주지 못하더라도 질적으로 우수한 상호 작용을 하는 엄마가 낫다는 연구 결과들을 실감케 하는 순간이었다.

엄마라는 책임감 때문인지는 몰라도 나는 아이가 원하는 것이 무엇인지 빨리 파악하려 하고, 까다로운 유리의 욕구를 항상 충족시켜 주려 노력했다.

아이와의 애착 관계를 잘 형성하기 위해서는 물리적·신체적 욕구만 충족시켜 줘서는 안 된다. 이에 대한 한 연구가 있다. 미국의 아동학자 할로우Harlow는 한 실험에서 아기 원숭이에게 철사로 만든 인공 엄마와 부드러운 천으로 만든 인공 엄마를 만들어 주고 철사 엄마에게 우유병을 매달아 두었다. 그랬더니 배고픈 아기 원숭이는 우유를 다 마시고 나면 대부분의 시간을 부드러운 천으로 만들어진 엄마에게 가서 보냈다. 원숭이 우리에 무서운 소리를 내는 로봇을 등장시켰을 때에도 자신에게 우유를 주는 철사 엄마가 아닌, 부드러운 천으로 된 엄마에게 가서 매달렸다.

또 다른 연구로는, 고아들에게 신체적 접촉만을 제외한 충분한 식사와 청결한 위생 관리를 제공했는데도 아이들의 신체뿐만 아니라 언어 및 인지 능력 또한 정상적으로 발달하지 못했다는 보고도 있다. 신체적 접촉의 결핍 때문이었다. 아기의 성장에는 부드러운 신체적 접촉, 따뜻한 시선과 위안을 주는 목소리가 절대적으로 필요하다.

안전한 애착을 형성한 아이는 엄마를 언제든 돌아올 수 있는 안전한 기지로 삼아서, 쉽게 세상으로 나가 탐색하기를 즐긴다. 이것은 아이의 인지 발달을 촉진시킨다. 애착에 관한 실험 연구에 의하면 안전한 애착을 형성한 유아가 2세가 되었을 때 더 정열적이고, 지속적이고, 협동직임을 보여주있다. 또한 3세 6개월이 되있을 때 또래의 리더 역할을 하고, 사회적 활동에 적극적으로 참여하며, 다른 사람의 관심을 더 많이 끌고, 호기심도 많으며, 주위 환경을 능동적으로 탐색하고, 좀더 자라서 4, 5세가 되었을 때는 더욱 호기심이 많고, 매사에 더욱 능숙하였음을 보고하고 있다.

또한 자신감이 풍부하기 때문에 어떤 일에든지 솔선하여 일과 놀이를 주도하는 추진력initiative 또한 발달하게 한다. 유아기 때 안전한 애착을 형성한 아이는 초등학생이 되었을 때, 학급에서 리더로 활동하는 경우가 많다. 연구 결과에 따르면, 불안전한 애착을 형성한 아이가 학급의 리더가 되는 경우는 거의 없다고 한다. 유리도 낯을 많이 가리고 새로운 상황과 낯선 사람에게 적응하는 것을 매우 힘들어 하지만, 일단 적응하면 아주 적극적이고 자신감이 풍부한 편이라고 선생님은 평가했다. 만 3세부터는 엄마가 없는 집에서 유리를 돌봐 주러 새로 오신 이모와 둘이서만 지내기도 했는데, 이때에도 유리는 낯선 환경에 처한 이모에게 엄마를 대신해 설명도 해드리며 주인 노릇을 하기도 했다.

낯선 사람에 대한 불안

영유아들은 대부분 낯선 사람을 두려워하며 불안감 stranger anxiety을 나타낸다. 어떤 아이들은 만 4, 5세가 되어서도 새로운 선생님을 만날 때마다 긴장하는 빛을 역력히 드러낸다. 이런 아이들을 두고 흔히 낯가림이 심하다고 말한다.

유리는 낯선 장소에 가면 처음엔 굉장히 두려움을 나타냈다. 백일이 지나 날씨가 따뜻해지자 이모가 유리를 데리고 산책을 나갔을 때의 일이다. 유리는 현관을 나서는 순간부터 주위를 휘휘 둘러 보더니 울기 시작해 엘리베이터 안에서는 아이가 경기를 하지 않을까 겁을 먹게 할 만큼 격렬하게 울어댔다. 결국 이모는 다시 그날 엘리베이터를 타지 못하고, 유리를 업은 채 9층에 있는 아파트까지 계단으로 걸어서 오르내려야 했다.

집 현관과 엘리베이터에 대한 유리의 불안은 시간이 지나면서 차츰 사라졌다. 그런데도 9, 10개월쯤 되어 할머니 댁에 처음 갔을 때, 낯선 집에 대한 불안 반응은 그야말로 극치의 상태를 보여 주었다. 할머니 댁 현관을 들어서는 순간 누가 자기를 잡아먹기라도 하듯 몸을 뒤로 젖히면서 울어댔다. 지금도 그때 생각을 하면 등에서 진땀이 날 지경이다. 하는 수 없이 유리를 안고 나와서 차에 태우고 시내를 돌아다녔다. 밤이라 차 안의 계기판 불빛으로 우리 차임을 알아차리고는 '휴~' 하고 한숨을 내쉬더니 그제서야 아는 노래를 흥얼거리기 시작하였다. 우리 부부는 유리가 잠들 때까지 불빛이 많은 시내 길을 달려야 했다. 다시 할머니 집으로 돌아와 잠든 유리를 안고 방으로 들어가서는 자다가 깨었을 때 방안이 낯선 것을 알아채고 울까봐 얶어 눕혔다. 할머니 할아버지는 다음 날이 되어도 유리 얼굴 한번 마음대로 보실 수가 없었다. 너무 많이 울어서 숨어서 몰래 훔쳐 보셔야만 했다.

아이들이 낯선 사람에 대해 나타내는 불안감은 성인 남자를 만났을 때 가장 심하고, 비슷한 또래에게는 별로 드러내지 않는다. 7개월 된 아기가 낯선 아동에게는 미소 짓는 반면 낯선 성인에게는 얼굴을 찡그렸으며, 또 여자보다 남자에게 더 심하게 불안을 나타냈다는 보고가 있다. 유리가 두 돌 정도 되었을 때, 설날을 맞이해 삼촌과 유치원에 다니는 사촌 오빠들이 집으로 놀러 왔다. 유리는 삼촌만 나타나면 어김없이 울어댔다. 유리는 사촌 오빠들하고만 방으로 들어가 함께 놀자고 했다. 결국 삼촌은 엄마한테 업힌 유리만 간신히 지켜보다가 돌아갈 수밖에 없었다.

낯선 사람에 대한 불안stranger anxiety은 부모와 애착이 잘 형성되었다는 증거이며 정상적인 발달의 한 신호이다. 먼저 아기가 인지적인 측면에서 익숙한 장소와 사람에 대하여 기억할 수 있어야 한다. 그러나 이러한 인지 능력이 아직 충분히 발달한 것은 아닌 탓에 낯선 상황이나 사람을 만나면 불안감을 보인다. 무슨 일이 일어날 것이라는 것을 예측하려고 해 보지만 아직 잘 되지 않는 시기에 주로 나타난다.

6, 7개월 이전에는 이러한 불안이 나타나지 않는다. 이것은 애착을 형성한 사람에 대하여 회상하는 인지 능력이 잘 발달되지 않

아서 낯선 사람에 대한 불안이 나타나지 않기 때문이다. 유아가 가장 예민하게 낯선 사람에 대한 불안감을 보이는 시기는 13개월에서 15개월이다. 이런 점을 고려해 볼 때 일하는 엄마가 아이를 어린이집에 맡겨야 하는 경우에는 7개월 이전이나 만 2세 정도 되어 취원시키는 것이 바람직하다고 본다.

낯선 사람에 대한 불안감을 극복하는 방법 중의 하나는 유아가 어릴 때부터 많은 가족 속에서 사는 것이다. 핵가족(혹은 가족 수가 적은 가족)에서 자란 아기가 대가족(혹은 가족 수가 많은 가족)에서 자란 아기보다 낯선 사람에 대한 불안감을 더 많이 보인다는 연구가 있고 이스라엘의 공동 양육 시설 키부츠에서 자란 아이들은 낯선 사람에 대한 불안을 보이지 않는다. 핵가족 문화의 확산은 유아의 낯선 사람에 대한 불안 문제를 심화시키는 요인이 된다.

툭하면 '쉬할 거야' 빈뇨증

스트레스의 주범이 된 엄마

어느 날 유리가 다니는 어린이집에서 전화가 왔다. 유리가 20분마다 화장실에 가자고 하고, 화장실에 데려가지 않으면 곧바로 옷에 쉬를 한다는 것이었다. 결국 병원에 데려가 보라는 어린이집 선생님의 조언에 따라 평소 자주 다니는 소아과에 데려갔다.

여러 검사 결과 신체적인 이상은 전혀 없고, 정신적인 스트레스일 것이라는 소견이 나왔다. 의사 선생님은 유리가 하기 싫은 일을 하거나 새로운 환경에 적응하느라 스트레스를 받았을 가능성이 크다고 말씀하셨다. 그런데 곰곰이 생각해 보니 아이에게 스트레스를 준 사람은 다른 사람이 아닌 바로 엄마, 나 자신이었다.

아이를 키운다는 것은 정말 힘든 일이다. 무한한 사랑과 헌신, 그리고 인내가 필요하다. 기질이 순하고, 식성도 별로 까다롭지 않고, 잘 자고, 혼자서 잘 노는 아이도 물론 있다. 반면에 고집이 세고, 먹는 것도 잠자는 습관도 까다롭고 예민한 아이 또한 있다. 그런 아이는 순한 아이들에 비해 키우기가 배 이상으로 힘들다. 주변에선 부모가 아이에게 규율을 엄격하게 적용하여 키우지 않아서 제멋대로라고 이야기들 하지만, 태어날 때부터 다루기 힘들고 까다로운 아이도 있는 법이다. 이런 아이일수록 갖가지 요구에 민감하게 반응해야 하고, 신경을 더 많이 써야 한다.

아이를 키우는 일이 힘들어지는 또 다른 이유는 엄마의 환경이다. 가정 형편이 어렵거나, 부부 간의 갈등 혹은 다른 가족과의 갈등 등등, 물질적 혹은 심리적으로 어려운 상황에 처한 엄마의 경우, 아이에게 그 모든 스트레스가 전달된다. 따라서 까다로운 아이를 양육하는 엄마가 직장 생활을 하고 있어 일과 양육의 이중 부담을 지고 있으면, 온 가족이 협심해서 양육을 분담해야 한다. 그렇지 않으면 엄마가 받는 스트레스가 아이에게도 고스란히 전달되어서 아이가 빈뇨증에 걸리거나 손가락을 물어뜯는 습관 같은 것이 생기기 마련이다. 더 심하면 다른 이상 증세로 나타날 수도 있다.

유리 역시 예민하고 까다로운 아이였다. 의사 표현은 아직 분명하지 않지만 자기 주장도 확실하다. 다른 가족들은 유리가 무엇을 원하는지 잘 알아채지 못하거나, 자기들의 일에 집중하는 시간이 많아서 유리는 유독 엄마를 자주 찾았다.

할머니 집에서 잠시 살 동안에는 그때까지 유리를 돌봐 주던 이모까지 일을 그만두게 되어서 유리가 엄마에게 더 집착하게 되었다. 유리 때문에 다른 일을 할 수도 없고 밥도 제대로 먹을 형편이 되지 않아서, 다이어트를 하지 않았는데도 어느 새 20대의 몸매로 되돌아가고 있었다. 이런 나를 보고 건강을 염려해 주는 주위 사람들이 왜 그렇게 운동을 하지 않느냐고 걱정해 주었을 때 나는 "숨쉬기 운동이나 제대로 하면서 살 수 있었으면 좋겠다."는 대답을 하곤 했다.

그 뒤에 새로운 이모가 왔지만 유리가 엄마한테만 집착해 사사건건 시중들게 하는 건 여전하였다. 옷을 입혀 주려고 해도 '엄마가', 쉬를 하거나 응가를 할 때도 '엄마가', 양치질을 해 주려고 해도 '엄마가'를 외쳤다. 한번은 아빠가 물을 떠다 줬더니 입에 대지도 않고 엄마가 다시 떠 오라고까지 시키더라는 것이다.

유리와 실랑이를 가장 심하게 벌인 일은 그 중에도 양치질이었다. 충치 세균이 너무 많았다. 한 달에 한 번씩 치과 진료를 받고, 불소를 발랐는데도 세균이 줄어들지 않아 충치에 걸릴 위험이 매우 높았다. 양치를 하지 않으려고 할 때는 달래기도 하고 겁을 주거나 협박도 하다가 급기야 아이에게 소리를 지르거나 엉덩이를 때리기도 하였다. 엄마가 소리를 지르는 것도 단순히 아이의 잘못된 행동을 고치기 위하여 지르는 것과 엄마의 스트레스가 머리끝까지 차올라서 폭발하는 소리는 서로 다르기 마련이다. '빈뇨증'이라는 진단 결과는 이런 과정에서 일어난 사태였다.

힘없는 아이는 야단치는 엄마에게 겉으로는 적응하는 것처럼 보이지만, 이것이 쌓여서 병이 된다. 생각하면 아직도 나는 유리가 가엾다. 그 이후 아무리 힘이 들어도 야단치거나 소리 지르지 않고, 적당히 둘러대거나 다른 것으로 유인하는 전략을 쓰게 되었다. 엄마가 정신을 차리고 의식적으로 노력하자 빈뇨증은 사라졌

지만, 무서운 일을 당하거나 새로운 곳에 적응할 때면 이따금 재
발하기도 했다.

까다로운 아이

기질

유리는 무척 까다로운 아이다. 어느 한 가지도 쉽게 넘어가는 법이 없다. 미국의 아동학자 토마스Thomas와 체스Chess 등은 아이의 활동성·식사·수면·배변 등의 생물학적 기능의 규칙성, 전반적인 기분 상태(즐거움, 기분 나쁨)와 민감성, 변화에 대한 적응 정도에 따라 순한 아이, 까다로운 아이, 반응이 느린 아이로 분류하였다.

순한 아이는 잠에서 깨어날 때 행복한 기분을 유지하면서 깨어나고, 수면·식사·배변 등의 규칙적인 생물학적 시간표를 가진다. 낯선 사람에게도 미소를 잘 짓고, 새로운 상황에도 쉽게 적응하는 편이다. 반면 까다로운 아이는 울면서 잠에서 깬다. 눈을 뜨기 전부터 우는 것이다. 언제 밥 먹고, 잠자는지 예측할 수가 없다. 새로운 일상 생활, 새로운 사람과 일에 적응하는 데 긴 시간을 필요로 한다. 웃을 때엔 크게 웃지만, 작은 일에도 크게 운다. 반응이 느린 아이는 반응이 약하고, 새로운 상황이나 사람을 좋아하지는 않지만, 결국에는 받아들이는 성격이다.

유리는 태어나 며칠이 안 되어 우유를 먹고 잠들면서 배냇 웃음을 얼마나 풍부한 표정으로 지어 보였었는지 모른다. 하지만 울 때는 금방이라도 큰일이 일어날 것처럼 격하게 울어서 엄마를 당황하게 만들곤 하였다. 낯가림은 또 얼마나 심했는지, 할머니 할아버지와 삼촌들은 유리 얼굴 한번 보기가 힘들었다. 대신 엄마에게 매달리는 시간이 많다 보니 그만큼 더 엄마는 힘들어 할 수밖에 없었다.

아동은 기질 유형에 따라 양육해야 한다. 이를 조화의 미덕 goodness of fit이라고 한다. 즉. 순한 아이는 다루기 쉽고 양육에 힘이 덜 든다. 이런 아이는 부모에게 요구하는 것이 적기 때문에, 마땅히 제공해야 할 보살핌이 부족하지 않도록 주의를 기울여야 한다. 그러나 매사에 까다롭고 새로운 상황을 잘 받아들이지 못하는 아동의 경우에는 부모가 힘들더라도 더욱 민감하게 반응을 해 주어야 한다. 아이의 격한 반응에 당황하지 말고, 아이에게 새로운 상황을 받아들일 만한 충분한 시간을 배려해 주어야 한다. 까다로운 아이의 부모는 보다 큰 인내와 기다림의 자세가 필요하다.

4. 생활 습관

비디오 끄고 잠자는 날
성장하면서 이해력도 늘어난다

유리는 갖고 놀 장난감을 못 치우게 하는 것처럼 TV나 비디오도 끄지 못하게 한다. 어린이 관련 비디오나 TV를 잠깐씩 보는 것은 물론 상관없다. 하지만 잠들기 전에 습관적으로 TV를 틀어 놓고 보거나 오랜 시간 비디오를 시청하는 것은 시력에도 좋지 않고, 주의력도 산만해지며, 무기력해져서 좋지 않을 것이다.

평소 소란을 잘 피우고 유별나게 시끄러운 아이에게 TV나 비디오를 틀어 주면 거기에 정신을 빼앗겨 조용해지는 경우가 있다. 내용을 잘 이해하지 못하더라도 번쩍거리고 자극적인 TV 화면에 관심을 집중할 수밖에 없는 것이다. 그러나 이런 번쩍거리는 TV 화면은 어린 아이들에게는 지나치게 자극적일 수 있기 때문에 주의가 필요하다. 이해력이 조금 생기고부터는 재미있는 노래나 반복적으로 보아서 아는 장면(광고)이 나오면 좋아한다. 그래서인지 아이 돌보는 사람들(부모이거나 고용인이거나)도 아이들 만큼이나 TV나 비디오를 좋아한다. 아이도 돌보면서 본인도 아이와 함께 TV·비디오를 볼 수 있기 때문에 일석이조가 되는 셈이다.

그래서 우리 집에서는 거실에 있는 TV를 과감히 치워버렸다. 누구든지 아이를 돌보면서 TV를 틀어 놓고 있으면 "아이 보라고 했지, TV 보라고 했느냐."고 야단을 쳤다. 그렇지만 아침 방송에 나오는 어린이 프로그램은 보여주는 것도 괜찮지 않겠느냐는 이모의 건의는 받아들였다. 교육적으로 괜찮은 비디오도 몇 개 장만하였다. 이렇게 해서 시작된 TV 시청과 엄마 몰래 아빠와 함께 보는 시간도 있어서 우리 유리도 어느 새 TV와 비디오와 친숙하게 되었다.

낮에는 다른 놀 것들이 많아서 어른이 비디오로 유인해도 그렇게 오래 보지 않지만 저녁에는 상황이 다르다. 잠재우기 어려울 때 비디오를 틀어 주면 힘들지 않게 유리를 돌볼 수 있고 그러다가 곧잘 잠이 들곤 해 비디오를 틀어 주기 시작하였다. 그러다 보니 비디오를 틀어 놓고 늦게 잠드는 습관이 생기게 되었고, 안 되겠다 싶어 안방의 TV와 비디오까지 다른 방으로 치우게 하기도 하였다. 하지만 며칠 안 돼 어른들의 거센 항의에 TV가 안방을 다시 차지하였고, 자연스레 유리의 비디오 시청은 밤늦게까지 이루어지게 되었다.

자기 전에 조금만 보겠다고 하여 비디오를 틀어 줬다가 잠이 막 들려고 할 때 끄려고 하면 난리가 난다. 좀 전에 막 잠이 들려던 아이가 잠이 다 달아날 정도로 울음을 터트린 적이 한두 번이 아니다. 만 3세가 가까워 오면서 자신의 의사를 언어로 표현할 수 있게 되었을 때 "이제 잘 거예요" 하길래, "그럼 비디오 끌까?"하고 물었더니 안 된다고 하였다. 왜 못 끄게 하는지 물어 보았더니 "나중에 또 볼 거야"라고 하면서 비디오 끄기를 반대하는 것이었다.

그제서야 나는 유리가 비디오를 틀어 놓고 잠이 드는 이유를 알게 되었다. 장난감을 치우지 못하게 하는 것과 마찬가지로 욕심이 많은 아이가 비디오도 켜 둔 채 옆에 두고 싶은 것이었다. 비디오를 켜 놓은 채 잠이 드는 습관이 좋을 리 없지만 어쩔 도리가 없었다.

그러던 어느 날 평소와 마찬가지로 유리가 비디오를 보려고 했을 때, 전날 되감기를 해 놓지 않아서 되감기를 한 다음 보아야 하는 상황이 발생했다. 그래서 그 날 잠자기 전에 비디오를 꺼야 한디고 설명했다. 지금 *끄지* 않으면 나중에 일어났을 때 되김기를 해야 하기 때문에 기다려야 하지만, 꺼 두면 일어나서 바로 볼 수 있다고 하자 그제서야 유리는 비디오를 끄는 데 동의하였다.

휴, 비디오 *끄고* 잠자는 날이 오기까지도 긴 시간이 걸린 것이다. 이처럼 어떤 문제들은 성장하여 이해력이 생기면서 해결된다. 아이들 나쁜 습관 고친다고 야단치면 옛 어른들이 "크면 알아서 다 고친단다" 하시던 말씀이 생각나는 대목이다.

밤낮이 바뀐 아이

갓 태어난 신생아의 잠은 밤과 낮의 구분이 없다. 밤과 낮을 통틀어서 다섯 가지 각성 상태를 순환할 따름이다. 즉 규칙적 수면(NREM 수면), 불규칙적 수면(REM 수면), 졸림, 조용한 각성, 활동과 울음의 5단계가 그것으로, 뒤로 갈수록 각성의 정도가 높은 생태다.

불규칙적인 수면은 REM(rapid eye movement) 수면이라고 하며, 잠자는 동안 눈꺼풀 아래 눈동자가 빠르게 움직인다. 신생아의 수면 중 약 50퍼센트는 불규칙적인 수면인 REM 수면 상태이다. 규칙적 수면인 NREM(non-rapid eye movement) 수면 상

태에서는 몸이 거의 움직이지 않고, 호흡과 심장 박동과 뇌 활동
이 느리고 고른 편이다. 아기는 REM 수면에서처럼 근육을 씰룩
거리지 않고 조용하게 누워 있다. 아기가 성장하면서 REM 수면
은 점점 줄어들어 첫 돌이 되면 전체 수면의 25퍼센트 정도로 줄
어드는데, 이때는 성인의 20퍼센트와 크게 차이가 나지 않는 상태
이다.

신생아의 수면 시간은 하루 16~18시간 정도로, 대부분의 시간
이 잠을 자는 데 바쳐진다. 조용한 각성 상태가 가장 짧으며, 잠에
서 깨어나면 곧바로 소란스럽거나 우는 상태로 옮겨 간다. 특히 까
다로운 아이는 각성 상태로 조용히 지내는 시간이 더욱 짧아진다.

유리도 신생아 때는 먹고 자는 시간이 대부분이었다. 그러다 눈
을 뜨고 지내는 시간이 길어지면서 문제가 발생하였다. 밤에 잠을
자지 않는 습관이 생긴 것이다. 출산 도우미가 있는 낮에는 대부
분 잠을 자고, 출산 도우미가 퇴근한 밤에는 매일같이 깨어 있게
되었다. 깨어 있는 모습이 처음에는 신기하여 같이 눈도 맞추고
놀아 주었지만, 12시를 넘겨도 잠을 자지 않자 엄마 아빠인 우리
도 점점 지쳐 갔다. 깨어 있을 때는 대체로 예민한 상태여서 토닥

거리며 노래도 불러 주고 이야기도 해 주었지만 좀처럼 잠을 재울 수가 없었다. 새벽 4시가 되어서야 잠을 잤고, 낮에는 지쳐서 아이와 함께 모든 식구가 뒤섞여 자곤 했다.

유리가 밤낮이 바뀌어 엄마, 아빠를 고생시킨 데에는 부모의 책임도 없지 않다. 태아기의 후반에는 밤낮의 구분은 없지만 잠자고 깨어 있는 사이클은 있다. 그런데 임신 후반기에 접어들자 나는 조산의 위험으로 침대에 누워서 지내야만 했다. 그런데 문제는 하루 종일 누워 있다 보니 밤에는 잠이 오지 않는 것이다. 늘 새벽 3~4시까지 깨어 있으면서 배 속의 아이와도 많이 놀게 되었다. 내가 배를 어루만지면, 아기는 팔을 펴거나 다리로 차거나 하면서 대답했다. 이렇게 밤마다 아기를 깨워 두었으니 태어나서도 새벽 3~4시까지 잠을 못 자는 것이 당연한 일이었다.

2개월 이전의 영아는 주로 배고픔-배부름의 상태에 의해 수면-깨어 있음의 사이클이 결정되는데, 출산 도우미가 낮에 지나치게 우유를 많이 먹인 것도 유리가 밤잠을 설치게 된 한 원인으로 생각되었다. 게다가 목욕도 낮 시간에 시켰다. 그래서 하다 못해 출산 도우미를 부르지 않고 아이를 직접 돌보기로 작정하였다. 우유를 적게 먹이는 일은 엄마의 욕심 때문에 잘 되지 않았지만 밤에 시키는 목욕은 상당히 효과적이었다. 잠을 잤으면 하는 시간인 밤 12시 가까이 따뜻한 물에 목욕을 시키자 기운이 빠지는지 조용하게 놀다가 곧 잠이 들었다. 물론 그러고도 세 시간 후면 다시 깨어나 우유를 먹는다. 새벽에 깨어 우유를 먹이고 노래도 불러주어 재우고 나면, 엄마인 나는 잠이 잘 오지 않는다. 이때부터 나의 수면 시간은 유리가 만 2세가 되어 밤잠을 오래 자기 시작할 때까지 평균 2시간이 채 못되었다.

덧붙이자면 아기는 2~3개월부터는 빛과 어두움에 반응하여 낮 시간 동안 바깥 산책을 한 아기가 밤에 더 잘 자는 경향이 있다. 6~9개월 정도부터 낮 시간의 수면은 낮잠의 형태로 바뀌고, 만 1.5세 정도가 되면 낮잠을 하루에 한 번 정도 잔다. 그리고 4, 5세 정도가 되면 낮잠은 거의 사라진다.

유리는 낮 시간 동안 충분히 산책을 시키지 못했다. 게다가 시끄럽고 까다로운 기질의 아이를 돌보기엔 첫번째 출산 도우미의 체력이 또한 너무 약했다. 이런 이유로 낮잠 자는 시간을 줄여 주지 못해 유리는 밤잠 자기가 더욱 힘들게 된 것이다.

'일찍 잠자기' 프로젝트

성장 호르몬이 많이 나오는 밤 10시 이후에는 재워라

유리는 갓난아기 때 밤낮이 바뀌어서 엄마 아빠를 고생시켰을 뿐만 아니라 만 3세 정도까지 늦게 자고 늦게 일어나는 습관이 반복되어 엄마의 시간과 에너지를 많이 소모시켰다. 밤늦게 목욕을 시키고 엄마 배 위에서 재우는 등의 노력으로 밤에 잘 잘 수 있게 되기는 했지만, 자다가 곧 깨어나서 울기가 일쑤였고 그리고는 다시 잠드는 데 많은 애를 먹었다.

성장 호르몬이 많이 나오는 밤 10시 이후에는 잠을 자야 키가 큰다는데, 유리는 늦게 자서 그런지 또래들보다 키도 상당히 작다. 지금 다니는 교육 기관에서도 키가 제일 작다. 한 돌이 지나서 걸어 다니게 되면 활동량이 많아져서 피곤하기 때문에 일찍 자고 일찍 일어날 것이라고 기대했지만, 취침 시간은 그래도 여전히 12시였다. 그러다 보니 엄마는 집에 와서 아무 일도 할 수가 없었다. 아기 재우고 나면 졸려서 더 이상 아무 일도 할 수가 없게 되는 것이다. 오히려 아기보다 먼저 잠드는 일이 잦았다.

늦게 자면 아침에 또 그만큼 늦게 일어나게 되기 때문에 10시 등원 시간에 맞추기가 어렵다. 일찍 일어나서 집에서 좀 뒹굴다가 친구와 같이 놀고 싶을 때 어린이집에 가면 즐거울 텐데 말이다. 아침에 유리를 보내기 위해 거의 날마다 전쟁을 치르곤 했다. 일어난 지 얼마 안 되어 움직이기 싫어하는 아이를 밥 먹이고 옷 입히고 거기에다 세수시키고 양치까지 시켜야 했으니…….

일찍 재우기 위하여 밤에 목욕 시키기, 우유 먹이기, 업어 주기, 매일 10분씩 일찍 잠자리 준비하기 등 할 수 있는 일은 다 해 보았지만 별다른 진전은 없었다. 매일 10분씩 일찍 취침 준비를 시도해도 하루만 아빠에게 잠 재우기를 맡기면, 잠 드는 시간이 이내 한 시간씩 뒤로 밀려 버리는 사태가 발생하곤 했다.

만 3세가 다 되어 갈 때쯤 유리가 감기에 걸렸다. 감기약 기운을

빌려 이 기회에 일찍 재워 보리라 마음먹었다. 감기약을 10시 정도에 먹이고 양치하고 준비를 시켰더니 11시 정도에 잠이 드는 것이었다. 이게 웬떡인가 싶었다. 그리고 그 다음날은 10시 40~50분 정도에 잠이 들고 그 다음날은 10시 30분에 잠이 들었다.

감기에 걸린 이후 취침 시간을 앞으로 당기기가 많이 쉬워졌다. 그래도 너무 일찍 재우면 새벽에 깨서 힘들까봐 9시 정도에 양치에 목욕시키고 10시에 잠자리에 들도록 하였더니, 그 뒤부터는 수월하게 10시로 취침 시간이 조정되었다. 덕분에 엄마도 할 일을 조금 할 수 있게 되었다. 이제 유리는 대체로 10시에서 11시 사이에 잠에 드는 습관을 몸에 붙이게 되었다.

충치와 어린이 치과

한 돌이 지나면서 유리는 과자를 먹기 시작했는데 사탕이나 카라멜은 지금도 정신을 빼앗길 정도로 좋아한다. 외출할 때는 떼쓰고 난리를 칠 경우를 대비해서 조그맣게 자른 사탕을 가지고 가곤 한다. "으악~"하고 떼쓰기 시작하려 할 때 얼른 입에 한 조각 넣어 주면 만사가 해결됐다. 쫀득쫀득한 지렁이 모양의 징그러운 젤리도 유리를 달랠 때 많이 썼다.

단것을 먹기 시작하자 유리에게도 연령에 따른 적절한 칫솔과 치약을 사서 양치를 열심히 시키려고 노력했지만, 양치질에 순순히 협조하지 않았다. 어떤 엄마는 아이를 양 무릎에 꽉 끼고는 꼼

짝 못하게 하고 양치를 시키기도 한다고 들었다. 하지만 그보다는 자신이 스스로 양치하는 습관을 기르고 양치를 좋아하도록 만드는 것이 더욱 바람직할 것이다. 더구나 유리는 어떤 일도 강제로 시키면 저항했기 때문에 그렇게 할 수도 없었다. 어린이 치과에 가자고 협박도 하고 실제로 옷 입고 가는 흉내도 내보았다. 게 요리 식당에서 꽃게를 본 후 무서워하길래 꽃게가 온다고 엉금엉금 기는 흉내도 내보고, 양치에 관련된 책을 보여주며 무섭게 생긴 충치 벌레들이 입안에 산다고 겁을 주기도 하였다. 심지어는 할아버지가 관장하러 오신다고 협박도 해보았다.(할아버지가 변비로 관장한 적이 있었다.) 하지만 이런 협박들은 오히려 스트레스가 되어 가끔 충치 벌레가 있다고 잠꼬대를 하면서 우는 모습을 보이기도 하였다.

걱정이 된 나는 수소문을 하여 어린이 전용 치과를 알아냈고, 검사를 받고 불소도 바르는 충치 예방 프로그램을 시작하게 되었다. 유리는 낯가림이 심하고, 특히 남자를 무서워하여 남자 원장 선생님은 얼굴만 보아도 큰 소리로 입을 벌리고 우는 바람에 "아~ 하세요."라는 말을 할 필요가 없었다. 그렇게 법석을 떨다가 불소를 발라 주는 간호사 언니 손가락을 문 적도 있었다.

어린이 전용 치과는 치료비가 조금 비싸기는 하지만, 아이들의 마음을 사로잡는 장치를 마련해서 적절히 잘 활용하고 있었다. 아이가 누워 있는 의자 천장에서는 만화가 상영되고, 천장 가장자리에는 기차 철로가 설치되어 있어서 기차가 소리를 내며 달린다. 아이들이 좋아하는 캐릭터 인형들이 여기저기 있고, 치료가 끝나면 남자아이들은 좋아하는 로봇을, 여자아이들은 좋아하는 반지를 고를 수 있다.

충치를 치료할 때엔 아이를 정서적으로 안정시키기 위하여 오렌지 향이 나는 튜브를 코에 대고 있게 하였다. 혹시 치료가 무서워 입을 다물면 건강한 이를 다칠까 봐 치료 도중 입을 다물지 못하게 하는 장치를 쓰기도 한다. 치료를 시작하기 전에 간호사 언니는 "유리 이에 충치 벌레가 있어서 원장 선생님께서 물로 씻어 주실 거야."라는 설명도 잊지 않고 해 주었다.

말 그대로 어린이를 배려하는 어린이 치과이다. 그러나 이렇게 좋은 어린이 치과에도 문제는 있었다. 일반 치과에서 충치 치료를 한 유리 사촌은 그 다음부터는 콜라와 사탕을 절대로 입에 대지 않

게 되었다고 하는데, 유리는 충치 치료를 전혀 겁내지 않으니 그것

이 문제였다. 충치 치료가 재미있다니 야단났다.

5. 양육과 훈육

긴 설명도 때로는 효과적
합리적 설명과 권위주의적 양육

양치하고, 세수하고, 머리 빗고, 옷 입는 일…….

어른에게는 당연하고 일상적인 많은 일들이 아이들에게는 왜 해야 하는지 이해되기 어렵다. 그런데도 반드시 해야 하는 중요한 기본 생활도 가르쳐야 하니 문제다. 이러한 기본 생활 습관을 익히게 하는 데도 무작정 '~ 해야 해'라고 하는 것보다는 그 이유를 설명해 주면서 행동하도록 하는 것이 좋다.

세수를 하고 나면 얼굴이 얼마나 예뻐지는지, 세수를 하지 않으면 친구나 선생님이 싫어 한다든지, 양치를 하지 않으면 벌레가 와서 이를 망가뜨린다든지, 이런 설명들을 해 주면 효과가 있다.

특히 유리한테는 무조건 명령하는 것보다는 이와 같이 차분한 설명법이 효과적이었다. 미국 중하류층의 부모들은 권위주의적인 방법으로 아이들에게 명령하고 통제하며 부모의 기준을 벗어났을 때는 벌을 주지만, 중산층의 부모들은 아이들에게 합리적인 설명법을 많이 사용하는 것으로 알려져 있다.

권위주의적 양육을 받은 이이들은 욕구 불만을 가지고 위축돼 있으며, 믿음성이 부족하게 된다. 합리적 설명을 통해 양육 받은 아이들은 안정되고, 자신감에 차 있으며, 탐구심이 높고, 부모가 없는 상황에서도 규칙을 지키는 자제력이 좋은 사람으로 성장한다.

유리의 경우에도 권위주의적 방법보다는 합리적인 설명 방법이 효과적이었던 것 같다. 강압적인 규칙을 적용하면 울면서 강하게 저항하지만, 알아들을 수 있게 설명하면 훨씬 말을 잘 듣게 된다.

어떤 때는 이해하기 힘든 긴 설명에도 고개를 끄덕이며 수용한다. 어느 날 셋이 함께 차를 타고 가다가 엄마가 먼저 내리게 되었다. 그래서 아빠가 미리 엄마가 어디를 가는지, 왜 가야 하는지를 잘 설명해 주고, 아빠랑 같이 어떤 일을 할 것인지 설명해 주었다. 그랬더니 유리는 고개를 끄덕이며 울지 않고 넘어갔다고 한다.

아마 설명을 알아들어서라기보다는 자신에게 양해를 구하는 상황이 자신을 인정해 주는 것으로 생각되었기 때문일지도 모른다. 아니면 긴 설명을 듣느라 관심이 분산되어서 그랬을 수도 있다.

특히 유리는 아기 때부터 강압적인 방법은 전혀 통하지 않았다. 이유와 그 효과를 설명하고 여기에다 잘한다고 조금 치켜 세워 주면 잘 받아들인다.

정면 돌파보다는 측면 공격을

호기심이 유난히 많은 유리는 집안의 모든 물건을 일일이 탐색해 나갔다. 부서지거나 쏟아지는 물건도 예외가 아니어서, 곤란한 사태를 일으키곤 한다. 그렇다고 유리 손에 잡힌 물건을 무작정 빼앗는 것도 무리이다. 울고 악 쓰기 시작하면 달래기가 무척 힘들다.

그래서 손톱깎이, 펜 종류들, 약, 화장품 등을 이곳저곳에 숨겨 두었는데, 이것도 얼마 지나지 않아 그 장소들을 알아내는 통에 놓아 둘 장소를 이리저리 옮겨야 했다. 그러다 보니 막상 필요해 찾으려고 하면 찾을 수가 없어 애를 먹곤 하는 때도 한두 번이 아니었다.

유리 손에 들어간 이러한 물건을 억지로 빼앗으려 하거나, 어른이 가진 것을 유리는 달라고 하고, 어른은 안 주려고 할 때마다 한바탕 소동이 벌어졌다. 그래서 나는 주로 유리가 관심을 끌 만한 다른 물건을 내주거나 다른 활동으로 관심을 유도하면서 빼앗는 방법을 썼다. 내 놓아라, 위험하다, 혹은 이건 안 된다, 만지면 큰일이다, 이렇게 곧이곧대로 말해서 고분고분 말을 듣게 하기가 힘들었다. 아이와 정면 대결을 해서 성공한 적이 거의 없었다.

2세 반이 되어 다니기 시작한 어린이집을 어느 정도 적응이 된 후에도 아침마다 안 가겠다고 칭얼거렸다. 그러던 어느 날 이모가 아이들이 좋아하는 소시지 여러 개를 봉투에 넣어 주면서 친구들에게 가져다 주라고 했다. 갑자기 신이 난 유리는 바쁘게 옷을 입고 바이바이를 하면서 어린이 집을 향했다.

이모와 엄마는 이러한 전략을 잘 사용하지만, 아빠는 무작정 빼앗으려고 하다가 유리가 번번히 너무 심하게 우는 바람에 다시 주는 경우가 대부분이었다. 이것은 울고 악 쓰면 원하는 대로 된다는 것을 배우기 때문에 바람직하지 않은 방법이다.

아빠도 이젠 이런 전략적 효과의 의미를 어느덧 터득하였나보다. 유리가 먹고 있는 빵이 맛있어 보여서 한 입 달라고 해도 안 주면 "아빠 눈감고 아~ 할 테니, 아빠 입에 넣어 줘 봐."라고 해서 유리 스스로 신이 나서 아빠 입에 넣어 주게끔 유도한다.

심지어 양치할 때마다 울거나 실랑이를 벌이던 유리가 제손으로 칫솔을 집어늘게끔 멋진 연극을 별치기노 한나. 아빠가 꾀를 낸 것이다. 음식찌꺼기(유리가 싫어하는 파)를 아빠 입에서 빼낸 것처럼 하고서는 유리 입에도 이런 찌꺼기가 있으니 이를 닦자고 하는 것이다!

'안 돼' '하지 마' '이렇게 해' 등의 강압적인 정면 충돌과 네가 이기나, 내가 이기나 보자 식의 대결 방식보다는 아이들의 호기심이나 관심을 끌 수 있는 지혜로운 방법을 활용하면 아이들도 온갖 어려운 일들을 자발적으로 수행하는 것을 배우게 된다.

타협 모르는 아이, 주의 분산시키기 전략

지금 유리를 돌보는 이모는 말수가 적은 분이다. 우리 집에 대한 얘기나 유리랑 같이 나들이 가는 다른 집의 얘기를 거의 하지 않는다. 그러나 유리와 함께 있을 때는 유난히 말이 많다. 유리가 싫어하는 목욕을 시킬 때는 특히 그렇다. 누인 자세로 안아 아이의 머리를 감기면 대부분의 아이들은 불안하여 운다. 심지어 유리는 고래고래 소리까지 지르고 울어대서 엄마도 머리 감기는 일에는 자신이 없다. 그런데 가만히 보니 이모는 유리랑 같이 놀았던 친구들 이야기, 그 날 유리가 했던 행동들을 애기하거나 목소리를 흉내내면서 잠시도 쉬지 않고 이야기를 건네는 것이다. 이렇게 유리의 관심을 다른 쪽으로 유도하니 유리는 이모가 얘기하는 내용을 듣고, 생각하고 또 대답하느라 바빠서 울고 떼쓸 사이가 없이 머리를 다 감는다. 그러면 이모는 마무리 삼아 한번 더 치켜세운다. "친구 유진이는 머리 감을 때 잉잉 운대! 유리는 안 우는데, 그치?"

머리를 묶어 주거나 손톱 발톱 깎는 것노 마찬가시이나. 머리 정수리를 묶고, 양 옆을 묶는 분수 머리를 해서 데리고 나가면 다른 사람들이 다 물어 본다. 아이가 그렇게 묶도록 어떻게 가만히 있느냐고. 사실 이렇게 할 때도 주의 분산 전략을 사용한다. 얘기를 걸거나 새로운 놀잇감을 손에 쥐어 주거나, 재미있는 TV 프로그램을 틀어준다. 그렇지 않고는 도저히 이런 머리 묶기를 해낼 수가 없는 것이다.

지금은 엄마가 유리에게 머리를 감겨주고, 목욕시키고, 손톱 발톱 깎아 주고, 머리 묶어 주고, 옷을 다 입힌다. 이럴 때마다 이모한테 배운 주의 분산시키기 전략을 사용한다. 지혜로운 방법을 유아 교육 논문이나 책에서는 주의 분산시키기Distraction라는 전문 용어로 표현하고 있다.

자존심 강한 아이, 핑계거리 만들어 주기

유리는 자존심 강한 아이로 소문이 났다. 기저귀 차고 다닐 때에도 대변을 볼 때는 식구들이 안 보이는 구석에 가서 하곤 했다. 조금 커서 말을 할 수 있게 되어 이동식 변기에서 볼일을 볼 때에도 엄마나 자신을 오래 돌보아 주던 이모에게 모두 나가 있으라고 했다.

"냄새나요. 나가 있어요."

"냄새 하나도 안 나는데."

"냄새나잖아요. 저리 가요."

그리고 밑을 닦아 줄 때도 "냄새나요?"하고 물어 본다.

대체로 집에서 대변을 보지만 가끔 유치원에서 보기도 한다. 만 3세가 된 이후 유치원에서 응가를 하고 나서 선생님이 닦아 줄까 하고 물어 보았더니, 자신이 닦는다고 하였다. "선생님께 닦아 달라고 하지?" 했더니, "다른 친구들도 다 혼자서 닦는데 나만 닦아 달라고 해요?"하면서 우는 모습을 보이기도 했다.

아침바나 유치원에 안 간다고 떼쓰고 나서노 자존심 때문에 집을 나설 때에는 눈물을 깨끗이 닦아 달라고 한다. 눈물 자국이 조금이라도 남아 있어서는 안 되고, 눈물 닦은 손수건은 절대로 남에게 보이지 말라고 당부한다.

"손수건 엄마 주머니에 쏙 넣어요! 안 보이게요."

그리고 반드시 한 마디 더 붙인다.

"선생님한테 울었다고 말하면 안 돼요."

그리고는 말끔한 얼굴로 셔틀버스를 탄다.

유리하고는 유난히 '하라' '하지 마라' 로 실랑이를 벌일 때도 많았다. 그러나 무조건적으로, 혹은 강압적으로 유리를 제지해서는 안 된다. 엄마 화장품을 달라고 할 때 안 된다고 하면, "가지고만 있을게요."라든가 "보기만 할게요."라고 하면서 조른다. 초콜릿이나 사탕도 이 썩는다고 하면서 안 주면, 안 먹기로 타협을 하더라도 일단 자기 손에 넣어야 직성이 풀린다. 자신의 주장을 그냥 꺾는 적이 거의 없다.

야단을 맞았거나 싸우고 나서 삐쳐 울 때에도 절대로 그냥 넘어가는 법이 없다. 반드시 핑계거리를 주어야 한다.

"밖에 삐뽀 차가 있네. 왜 저기 있지?"

"어휴, 포크레인이 쓰레기 집어 올리네."

"어머, 뿡뿡이가 넘어졌네, 너무 웃긴다. 호호호!"

"엄마가 약 먹어야 되는데, 좀 먹여 줄래?"

이렇게 분위기를 바꿔서 유도해야만 "응?"하고 달려온다. 정색을 하고 "이제 그만 울고 여기 와서 블록하고 놀자." 이렇게 해서는 도무지 들은 척도 안 한다.

이런 유리의 성격 때문에 걱정 또한 생긴다. 경험이 많으신 유치원 선생님이 창의성이 돋보이는 유아의 개성을 존중해 주고 계속적으로 이를 키워 나갈 수 있게 장려하는 교육을 시켰다가, 초등학교에 진학하여 달라진 교육 환경에 적응하지 못하고 오히려 문제아로 지목받게 되었다는 말씀을 하시면서, 자신의 교육 방법이 오히려 잘못된 것이 아닐까 고민하시는 말씀을 하였다. 유리도 애써 자존심을 상하지 않도록 키우지만, 학교에 가서 권위주의적인 선생님을 만나 상처를 받으면 어찌하나 걱정이 되기도 한다.

'안 돼' 는 아무런 소용이 없어

벌보다는 바람직한 행동을 제시하라

행동주의 심리학은 아이에게 벌을 사용하는 것에 대하여 매우 부정적이다. 아이의 잘못된 행동에 대하여 벌을 주면 벌이 주어지는 상황에서는 일시적으로 그 행동을 억누르지만, 그 행동을 없애는 것은 아니기 때문에 벌이 주어지지 않는 상황에서는 다시 그 행동을 반복하게 된다는 것이다. 또한 벌의 부작용으로 벌 주는 사람에 대하여 부정적 정서를 가지게 되고, 스트레스를 초래하기 때문에 좋지 않다는 것이다. 그것보다도 더 큰 이유는 벌은 잘못된 행동을 하지 말라는 것은 알려 주지만, 그 행동 대신에 어떤 행동을 해야 하는지를 알려 주지 않기 때문이란다.

예를 들어 학교에서 나쁜 행동을 했을 경우 선생님이 야단치면 선생님이 계실 때에는 그 행동을 잠시 중단하지만, 선생님이 안 계시거나 학교 밖에 나가면 다시 그 행동을 되풀이한다. 이는 그 상황에서 해야 할 바람직한 행동을 학습하지 못했기 때문이다.

'이것은 만지지 마라' '이것은 안 돼' '하지 마라' 등의 말은 이 행동을 하지 밀고 무엇을 해야 하는지를 가르쳐 주지 않는다. 특정 상황에서 하면 안 되는 행동 대신에 다른 행동을 하게 하고, 그 행동에 대하여 칭찬을 하거나 다른 보상을 주어 그 행동을 학습시키는 것이 바람직하지 못한 행동을 영구히 없애는 좋은 방법이 된다.

어린 유아들에게도 이 이론이 적용된다. 유아들은 만져서는 안 되는 물건들이 매우 많다. 무작정 빼앗으면 대부분의 아이들은 말을 듣지 않고 저항한다. 이 물건 대신에 만질 수 있는 다른 것을 주거나 재미있는 놀이로 유인하면서 만져서는 안 되는 물건을 눈앞에서 치워 줘야 한다. 아이가 친구를 때리거나 꼬집어서 엄마가 곤란한 경우에 빠질 때도 있다. 꼬집거나 때리는 행동 대신에 친구를 예뻐하는 행동(뽀뽀, 안아 주기, 쓰다듬기)을 하도록 시범을 보이면서 가르치면 나쁜 행동을 없앨 수 있다. 바람직하지 않은 행동을 할 때 '안 돼' '하지 마라' 등의 말은 아무 소용이 없다. 이보다는 대신 무슨 행동을 해야 할지를 알려주는 것이 훨씬 효과적인 교육 방법이다.

'셋' 할 때까지 의자에 앉아
구체적 행동 목표를

유리는 항상 엄마 아빠에게 시비를 걸어오는 편이다. 한 번 말해서 들은 적이 없고 '내가 이렇게 나가면 나를 어떻게 다루고 이 난관을 어떻게 해결하는지 두고 보겠다' 는 식으로 나온다. 야단치고 소리지르면 유리는 자존심이 강해서 오히려 울면서 더 버틴다. 이럴 때 가장 효과가 있었던 것은 '하나, 둘, 셋' 이었다. "엄마가 하나, 둘, 셋 할 때까지 의자에 앉아."라고 하고 '하나, 둘, 셋' 을 외치면 얼른 와서 앉는다. 엄마의 기준인 '셋' 까지 해야 할 일을 수행했다는 성취감을 느끼는 것처럼 보이기도 한다.

양치시키기 위해 자리에 앉힐 때도, 입 헹구라는데도 안 하고 졸

립다고 누워 있을 때도, 아침에 안 일어날 때도 '하나, 둘, 셋'을 외쳤다. 가끔은 '하나, 둘, 셋'을 '셋, 둘, 하나'로 바꾸어 가면서 써 먹었다. 그랬더니 이것도 조금 스트레스가 되는지 "엄마는 맨 날 하나, 둘, 셋 하고! 한 번만 해요." 하루에 한 번만 하란다.

그냥 '양치 해' '옷 입게 이리 와' '밥 먹자' 등으로 얘기하면 여러 번 되풀이해도 '알았어!' 라고 하면서 계속 미루기만 한다. 양치를 하고, 옷을 입고, 그리고 나서 밥을 먹겠다는 것이다. 언제 할지도 정확하지 않지만. 그래도 모래시계의 모래가 다 떨어질 때까지 하던 일을 하게 해 준다든지, 스물 셀 때까지 끝마치게 한다든지 목표를 정해 주면 곧잘 따른다. 광범위한 행동 요구보다는 조금 더 구체적인 지침이 아이들로서는 수행하기 쉽다.

한 가지 예를 더 들어보자. 추석에 만난 유리 삼촌은 초등학교 1학년 아들과 중학교 1학년 딸을 앉혀 놓고 구구단을 번갈아 외게 해 보았단다. 그런데 6단 이상은 초등학교 1학년 아들이 중학교 1학년 딸보다 더 잘 외우더라는 것이다. 그래서 딸에게 '올해 내로 구구단을 모두 외워' 라고 말씀하셨다고 한다. 이는 중학교 1학년 에게도 조금 추상적이고 광범위한 지침이다. 그보다는 10월까지

6단까지 외우고, 11월까지 7단, 12월까지 8단, 이런 식으로 구체적인 지침을 주고 이를 지킬 때 칭찬하거나 인정해 주는 것이 아이들이 과제를 수행하는 데 더 도움이 된다.

사랑의 매는 필요할까?

아이를 양육하는 일이 너무나 힘들어 때로는 엄마를 탈진하게 만든다. 특히 까다로운 아이, 별난 아이를 기르는 엄마는 더욱 힘들다. 이러한 힘든 상황에서는 엄마도 아이에게 신경질을 내고, 소리 지르고, 가끔은 엉덩이를 때리기도 한다.

'사랑의 매는 필요할까?' 이런 질문을 자주 듣게 된다.

어린이날이었다. 하지만 아빠도 바쁘고, 엄마도 지쳐 혼자 아이를 데리고 외출하기가 엄두가 나지 않았다. 그래도 이 날만큼은 다른 일을 하지 않고 유리가 원하는 대로 놀아 주리라 마음먹었다. 소꿉놀이도 하고, 퍼즐도 하고, 글자 공부도 하고, 숨바꼭질도 하고, 그리고 놀이터에도 나갔다.

모든 일이 순항이었다. 우선 자신이 하고 싶은 놀이를 엄마와 같이 할 수 있기 때문에 기분이 좋았고, 기분이 좋은 유리는 모든 일을 다 잘 했다. 엄마는 칭찬을 듬뿍 해 주었고, 신이 난 유리는 대체로 올바른 행동을 하였다. 여느 때에 엄마가 잘 놀아 주지 않으니까 떼를 쓰고, 떼를 쓰니까 야단을 맞고, 야단맞은 유리는 자존심이 상해 더욱 삐딱하게 구는 일이 악순환처럼 벌어졌다면, 그날은 모든 일이 선순환처럼 잘 이루어졌다.

말을 안 들어 화가 날 것 같아도 어린이날이니까 소리지르는 대신 달래고, 조금 기다려 주었다. 그리고 교과서대로 잘한 행동에 대해서는 칭찬을 많이 해 주었다.

"유리는 너무 착해서 치카한 다음 혼자서 세수도 해요."

"유리는 이제 언니라, 놀고 난 장난감은 엄마랑 같이 치워요."

하루 종일 유리에게 소리 한번 지르지 않고 잘 놀았다. 신경질도 내지 않았고, 그리 지치지도 않았다. 야단이나 매는 일시적으로 나쁜 행동을 억제하는 효과는 있지만 나쁜 행동을 고치는 것은 아니다. 벌이 주어지지 않는 상황에서는 그 나쁜 행동이 다시 나타난다. 그리고 이러한 벌은 벌 주는 사람에 대해 나쁜 감정을 품게 하고, 아이를 불안하게 만드는 부작용만 있다는 이론이 절대적으로 옳다는 확신이 드는 날이었다.

특히 유리처럼 자존심이 강한 아이는 야단을 맞고 나면 더욱 삐딱하게 행동한다. 이런 경우에는 백번이라도 엄마가 참고 칭찬으로 이끌어야 옳다는 생각이다.

먼저 아이의 욕구에 민감하라.
잘한 행동에 칭찬을 해주라.
그리고 기다려 주라.

아이의 욕구에 민감하게 반응하는 일은 매우 중요하다. 어릴 때 부모와의 관계에서 자신의 욕구가 받아들여진다고 느껴야지만, 크면서 다른 사람과 적극적으로 상호 작용하고 능동적으로 세상을 탐색하여 자신감과 긍정적 정서를 발달시킬 뿐만 아니라 인지적 발달도 가능해진다.

아이의 욕구에 민감하다는 것은 아이의 욕구를 무엇이든 모두 받아들인다는 뜻이 아니다. 자신을 통제하는 능력이 생겨날수록 자신의 욕구를 스스로 통제할 수 있도록 조절해 주고 만족을 지연시킬 수 있도록 이끌어 주어야 한다.

'칭찬보다 더 좋은 스승은 없다' 라는 말이 사실임을 절감했나. 그러나 아무 행동에나 칭찬을 해야 할까? 우선 옳은 행동에만 칭찬을 해야 한다. 그러면 옳은 행동을 하지 않을 때는 어떻게 해야 할까? 처음에는 완전히 옳은 행동은 아니지만 옳은 행동과 유사한 행동을 해도 칭찬을 해 주고 그 다음에는 이전과 유사한 정도의 행동에는 칭찬을 하지 말고 좀더 올바른 행동에만 칭찬을 해 줘야 한다. 특히 어린 아이의 경우 엄마가 조금 도와 주면서 옳은 행동을 하도록 이끌어 주어야 한다.

그리고 마지막으로 중요한 원칙이 아이를 믿고 기다려 주는 것이다. 서투르고, 쏟고, 망가뜨리지만 아이에게 기회를 주고 조금 더 참고 기다려 주자.

부모의 양육 유형과 아동의 행동

미국 콜롬비아 대학 부설 국립건강원의 사회과학자 팀은 부모의 양육 행동이 아동에게 어떤 영향을 미치는지 알아보기 위해 2,000명의 부모와 자녀들을 대상으로 10년에 걸친 종단적 연구를 하였다.

연구 결과 아이들을 때리거나 특권(친구 집에 놀러 가기, 만화 영화 보기)을 빼앗는 방법을 사용하거나 아이들에게 애정을 거의 표현하지 않는 부모의 자녀들은 싸움을 자주 하고, 부모의 말을 듣지 않으며, 점점 더 불량해지는 경향이 있다고 보고하였다. 또한 부모가 쉽게 흥분하고, 부정적이며, 신경질적이고, 병이 있는 경우 자녀들도 행동상의 문제를 보였다. 이런 연구 결과를 통해 보면 부모로서 어떠한 양육 행동을 하는 것이 바람직한 것인지 '부모 되기 교육'이 필요하다.

캘리포니아 버클리 대학의 바움린드Baumrind 교수는 부모의 양육 유형과 그것이 아동 발달에 미치는 영향을 연구하였다. 아동의 행동을 얼마나 통세하느냐와 자녀에게 얼마나 애정적이냐에 따라 권위주의적, 허용적, 방임적, 그리고 권위가 확립된 부모로 나뉜다.

먼저, 권위주의적 부모는 자녀에게 무조건 복종하도록 강요하며 권위주의적 제재를 가한다. 논리적인 설명이 없이 부모가 정한 규칙이나 규율을 절대적으로 지킬 것을 강요하며, 때로 신체적 벌을 가하기도 한다. 이런 부모 밑에서 자란 유아는 친구와의 관계에서 주도권을 갖지 못하고 사회적 관계에서 불안감을 나타낸다.

허용적인 부모는 자녀에게 온정적이고 애정을 쏟지만 규칙이나 규율을 적용하지 않고 자녀가 요구하는 바를 대부분 수용하는 편이다. 이런 부모의 자녀들은 대체로 미숙하고 사회적 책임감이 낮다.

방임적 부모들은 자녀의 욕구에 민감하게 반응하지도 않고 그들의 행동을 제한하지도 않는다. 방임적인 부모 밑에서 자라난 아이들은 충동적이고 공격적이며, 사회적으로 미숙하고 무능하며, 책임감이 약한 것으로 밝혀졌다.

가장 바람직한 부모는 권위 있는 부모의 유형이다. 아동의 행동에 온정적이고, 민감하게 반응하며, 자녀에게 규칙을 적용할 때에도 논리적으로 설명하고, 이해시키려고 노력한다. 이런 부모 밑에서 자란 아이들은 사회적 책임감이 강하고 유능하면서도 또한 독립적이다.

요즘은 유리처럼 외동 아이들이 많다. 외동아가 아니더라도 모두들 너무나 귀한 자녀들이다. 그러다 보니 너무 허용적인 양육을 하지 않나 걱정이 되기도 한다. 나는 유리를 의식적으로 엄격하게 대하고 규칙을 적용시키려고 노력했다. 그러면서도 직장을 다니는 엄마들이 모두 걱정하듯이 충분한 애정을 주지 못하여 정서적으로 불안한 아이가 되지 않을까 걱정하기도 한다. 충분한 애정과 엄격한 규칙의 적용이라는 저울의 양극 중 어느 지점에 설 것인가가 항상 문제가 된다.

'잘 했어!' 라고 하지 말아야 할 다섯 가지 이유

행동주의 심리학자들이 보상(칭찬)과 벌로서 동물에게 바람직한 행동을 학습하도록 한 이론이 인간에게 적용되기 시작하면서 유아 및 아동 학습에 칭찬이 최고의 비법인 것처럼 전파되고 있다. 그러나 이 칭찬 요법이 꼭 좋은 것만은 아니라는 주장도 만만치 않다. 미국의 교육학자 알피 콘Alfie Kohn의 글을 보면 칭찬의 다섯 가지 맹점에 대하여 다음과 같이 지적되고 있다.

첫째, 칭찬은 어른의 편의를 위해 아동을 조정하는 수단이다. 레타 드브리Rheta Devries 교수는 부모 혹은 선생님이 아이들에게 '참 잘 했어요!' 라고 칭찬하는 말은 대부분 어른들이 자신이 원하는 바를 따르도록 하는 〈사탕발림 통제〉라고 표현하였다. 잦은 칭찬은 어른들의 편의를 위해 즉, 어른들의 삶을 편안하게 해 주는 일을 할 경우 그에 대한 보상이라는 것이다.

둘째, 칭찬을 많이 사용하면 아동이 어른에게 의존하도록 만든다. 즉, 아동들은 자신의 판단을 형성하기보다는 어른의 평가, 잘잘못에 대한 어른의 결정에 의존하게 된다는 것이다. 로우Rowe가 한 연구에서도 다음과 같은 결과가 밝혀졌다. 선생님으로부터 과도하게 칭찬을 받은 아동은 답변을 할 때 불확실한 질문을 하듯이 '음~, ?' 이라고 답하였다고 한다. 또한 자신이 낸 아이디어에 어른들이 동의하지 않자 곧바로 물러서고, 어려운 과제는 처음부터 시작도 하지 않으려고 하였다. 이렇게 자란 어린이는 성인이 되어서도 자신의 머리를 쓰다듬어 주고, 자신이 한 일에 대하여 잘한 일이라고 말해 줄 누군가를 필요로 하는 사람이 된다.

셋째, 많은 칭찬은 아동의 즐거움을 훔치는 일이 된다. 아동은 일을 완성하고 나서 스스로 기쁨을 누릴 권리가 있다. 그러나 어른들이 계속적으로 '잘했어' 라는 말을 함으로써 그러한 기쁨을 누릴 기회를 오히려 빼앗아 간다는 것이다.

넷째, 흥미를 잃게 한다. 칭찬을 자주 하면 어른이 지켜보고 칭찬하는 동안은 그 일을 열심히 한다. 그러나 어른이 지켜보지 않는 상황에서는 흥미를 잃기 쉽다.

다섯째, 성취욕, 성취감을 감소시킨다. 창의적인 일에 칭찬을 받은 아동은 다음 일에서 머뭇거리는 경향이 있다. 그 이유는 칭찬이 계속 잘해야 한나는 압박으로 작용하거나 그만큼 잘할 수 있을지 모르는 일에 위험 부담을 갖게 되면서 다시 시도하지 않으려고 한다.

유리도 칭찬 받기를 매우 좋아한다. 칭찬하고 살살 구슬러 주면 하루가 별 문제없이 잘 넘어간다. 그러나 그러다 보니 아이를 어른의 틀 속에 가두는 일이 아닌가 하는 반성을 자주 하게 된다. 특히 선생님의 칭찬에 너무 민감한 아이가 되어서 걱정이다. 선생님이 주는 스티커를 모으기 위해 밤이 늦어도 숙제를 마치고 자고, 심지어는 '숙제를 너무너무 좋아하는 아이' 라는 말을 듣기도 한다.

나는 유리가 자신이 하는 일이나 놀이가 즐거워서 스스로 하는 자주적인 아이가 되었으면 좋겠다. 자신의 힘으로 블록을 쌓거나 소꿉놀이를 하고 난 후, 혹은 재미있는 그림책을 보고 난 후, 그

일에 희열을 느끼고 만족스런 경험을 한다면 커서도 자신의 일을 능동적으로 추구하는 사람이 될 것이다. 나는 유리가 어른의 평가와 관계없이 놀이와 작업을 하고 스스로 자신의 일에 만족을 느끼는 사람이 되었으면 좋겠다. 그러면서도 이 '칭찬'이라는 마법에서 한편 빠져나오지 못한다. 엄마가 편해지기 위해서인 것이다. 우리 어른들은 칭찬으로 자기 아이들을 조정하고 있지는 않은지 깊이 생각해 보아야 한다.

6. 언어와 수

모빌, 퍼즐과 글자 변별
문자 인식의 기초

 갓난아기 때에는 대부분의 부모들이 아기 침대에 모빌을 달아 준다. 모빌을 선택할 때에는 어른들이 보기에 예쁜 것보다는 아기에게 좋은 것이라야 한다. 어떤 모빌은 측면에 그림이 있어서 침대 밖에 있는 어른이 보기에는 예쁘지만 침대에 누워 있는 아기에게는 잘 보이지 않는다. 이런 모빌은 아기의 발치 정도에 달아 주어야 그나마 아기가 볼 수 있다. 모빌은 아기가 처음 접하는 시각적 변별을 위한 교구이자 장난감이다.

모빌은 흑백과 천연색이 있다. 아이의 색 지각의 정도를 밝히는 일은 매우 어렵다고 한다. 아이가 약 4개월 정도 되면 색깔의 선

호도를 나타낸다고 보고되고 있다.

흑백 모빌 중에서도 기하학적인 무늬로 구성된 모빌이 있다. 이러한 기학학적 무늬의 흑백 모빌은 글자 변별의 기초가 된다. 책들은 대부분 흑백으로 되어 있고 글자는 기하학적인 무늬와 비슷한 모양이기 때문에, 모빌을 보여주면 나중에 책을 좋아하게 되고 글자 변별력을 키울 수 있는 기초가 될 수 있나.

유리도 칼라 모빌과 흑백 모빌을 아기 때부터 보여주었다. 한 돌이 지나서 조금씩 장난감을 가지고 놀기 시작하면서 유리에게 퍼즐을 안겨 주었다. 처음에는 단순해서 변별이 쉬운 것을 골라 주었고 점점 복잡한 것으로 바꿔 주었다. 어린아이들을 위한 퍼즐은 두꺼운 재질로 만들어, 만져서 촉각으로도 변별이 가능한 것으로 주어야 하고, 어린아이들이 잡기 쉽게 손잡이 꼭지가 달려 있는 퍼즐이 좋다. 대부분 유아들이 좋아하는 동물 그림 퍼즐이 많은데, 유리는 몇 번 조물락거리더니 혼자서도 맞출 수가 있게 되었다.

동물 퍼즐이 조금 익숙해지자 추상적 기하 도형들로 구성된 퍼즐을 주었다. 기하 도형 퍼즐 역시 글자의 요소들과 비슷해서 글자 변별의 기초가 된다. 세모·네모·동그라미·화살표 혹은 그와 비

숫한 도형 및 변형으로 구성된 퍼즐이 있다. 이런 퍼즐도 금세 맞출 수가 있었다.

퍼즐 놀이를 해서인지 두 돌쯤에는 글자를 상당히 많이 알게 되었다. 물론 읽기나 낱자 변별이 아주 정확한 것은 아니었지만, 카드에 적힌 낱말들을 대부분 말할 수 있었고, 과자 상자에서 아는 글자가 나오면 그 글자와 관련 있는 다른 낱말까지도 알아맞히곤 하였다. 말수 적은 이모도 유리가 똑똑하다고 동네에 다니면서 자랑을 늘어놓았다.

모빌

퍼즐

글자 카드와 낱말

낱말 인식

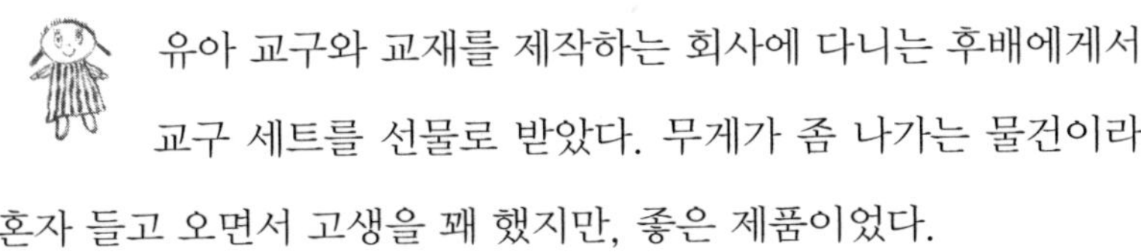

유아 교구와 교재를 제작하는 회사에 다니는 후배에게서 교구 세트를 선물로 받았다. 무게가 좀 나가는 물건이라 혼자 들고 오면서 고생을 꽤 했지만, 좋은 제품이었다.

만 2세가 다 되어 갈 무렵부터 그 세트에서 글자 카드를 꺼내어 유리에게 조금씩 소개했다. 글자 카드는 두 장이 한 쌍으로 되어 있었는데, 한 장은 그림과 그 밑에 글자가 적혀 있는 카드(이하 그림 카드라고 함)였고, 다른 한 장은 글자만 있는 작은 카드(이하 글자 카드라 함)였다.

처음에는 그림 카드들을 보여주면서 그 사물의 이름을 말하고 소개하는 시간을 가졌다. 틈이 날 때마다 이모가 그림 카드들을 보여 주면서 놀다 보니 유리는 자연스럽게 그림 카드의 사물 명칭을 말할 수 있게 되었다.

유리의 실력이 어느 정도 늘고부터는 그림 카드 석 장을 나란히 놓고 그중 한 장과 짝이 되는 동일한 글자 카드를 밑에 놓으면서 어느 것과 똑같으냐는 질문을 하였다. 그러자 유리는 더 이상 그림에 주의를 기울이지 않고 글자에 주의를 집중하였다. 퍼즐 맞추기로 모양 변별력을 다진 유리는 금세 동일한 글자가 있는 카드를 찾아내는 것이었다.

'책상'이라는 그림 카드와 글자 카드를 맞추었을 때는 진심으로 기뻐하면서 "그래, 책상이야. 맞아 책상이지"라고 하면서 칭찬을 아끼지 않았다. 이러한 칭찬에 자신감을 얻은 탓인지 아니면 처음 경험하는 글자 공부가 흥미로워서인지 유리는 굉장한 탐구심과 집중력을 보여주었다. 어떤 때는 너무 집중한 탓에 지쳐 보여 업어 주기도 하면서 진정시키고 쉬게 해야 했다.

처음에는 한꺼번에 많은 카드를 내놓지 않고 10장 정도로 시작하여 익히게 하고 다시 3장 정도를 더 추가하는 식으로 하였다.

그렇게 금세 수십 장의 낱말 카드들을 정복하였다. 유리는 이 카드를 어느 새 애지중지하는 자신의 분신과 같은 존재로 삼아 할머니 집에 가거나 외출을 할 때도 꼭 가지고 다니면서 놀았다.

이렇게 가지고 놀다 보니 그림이 없는 작은 글자 카드만 보고도 그 낱말이 무엇인지 척척 알아맞혔다. 뿐만 아니라 뒷면에 적힌 영어 낱말만 보고도 한글 낱말을 바로 말할 수 있게 되었다. 이를 보고 어떤 친구는 영어 번역까지 하느냐며 '조금만 더 연습해서 진기명기 프로그램에 출연시켜 보자'는 농담도 하였다. 단어들을 다 익힌 유리는 이 낱말 공부가 시시해져서 엄마가 물어 봐도 무슨 낱말인지 잘 말하지 않을 때가 더 많아졌다. 내가 일부러 '엄마는 이게 뭔지 모르겠어'라고 하면 다른 놀잇감을 가지고 놀다가 한번 쓱 쳐다보고는 시큰둥하게 '꽃봉오리'라고 대답해 주고는 다시 하던 놀이를 계속했다.

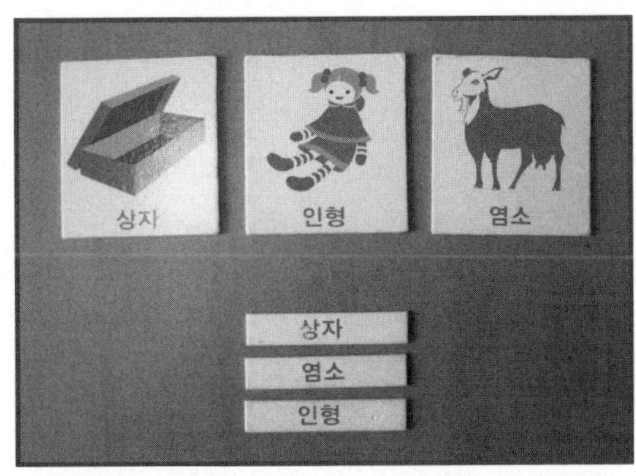

낱말 카드

낱자에의 도전
균형적 언어 교육 접근

유리를 키우다 보니 어릴 때는 역시 총체적인 접근법으로 언어 학습을 하고, 성장하면서 낱자를 익히는 것이 발달의 측면에서 옳다는 것을 알 수 있었다. 즉 일상 생활에서 자주 접하는 낱말들을 낱말 덩어리로 익히고, 그 다음 한 글자 한 글자에 강조를 두어 낱자를 익히고, 그 후 자모음을 익히는 것이다. 이렇게 총체적 접근법과 파닉스(phonics, 발음 중심의 어학 교육법)를 동시에 강조하는 방법을 균형적 언어 교육 접근법이라고 한다.

낱자를 알기 위해서는 말소리와 글자와의 대응을 이해해야 한다. 2세 반이 되자 유리는 낱말들은 제법 많이 알고 있었지만, 글자와 말소리의 대응 관계를 알지 못했다. 낱자 한 글자를 두고 두 개의 말소리를 대응시키거나 두 개의 낱글자에 하나의 말소리를 대응시키곤 했다.

어느 날 종이 박스에서 '병마개'라는 낱말을 보자 '병원' '마녀' '개'라고 말하였다. 프린트된 낱말과 유사한, 자신이 아는 낱말을 발하는 것이었나. '물오리'라는 낱말을 볼 때도 '오리'라고만 밀하였다. 이제는 낱말로서만 익히게 할 것이 아니라 낱자에 주의를 기울이게 해야겠다는 생각이 들었다. 그래서 낱말을 말할 때에도 한 자 한 자를 손가락으로 짚으면서 읽어 주는 식으로 낱자에 초점을 두었다.

여느 아이들처럼 유리도 길을 지나갈 때 보는 간판들에서 아는 글자들을 한 자 한 자 읽으려고 노력하였다. 성모병원 앞을 지나갈 때면 '성' '모' '병원'이라고 말하고, 자주 읽어 주던 동화책에서 '민들레'라는 글자를 보고 '만들레'라고 읽기도 하였다. 차를 타고 지나다 보면 '안마'라는 간판이 붙은 숙박 업소가 왜 그리 많은지……. 유리는 그 글자를 볼 때마다 '엄마'라고 말하곤 하였다.

낱글자를 가르치기 위한 교재와 교구들이 많이 나와 있을 터인

데, 서점에 한번 들르기가 쉽지 않았다. 유리 친구들을 보니, 자석 칠판에 낱글자들을 붙이거나 자모음을 조합하여 글자를 만드는 교구, 한글 학습지며, 가정 방문교사의 도움을 받아 한글을 익히고 있었다.

나는 유리에게 엄마표 글자 공부 카드를 만들어 주었다. 유리가 잘 아는 낱말 중 일상 생활에서 흔히 접하는 낱말들을 조금 크게 프린트하여 한 자 한 자 오리고 문구점에서 손코팅지를 사서 글자들을 띄엄띄엄 붙인 다음 한 자씩 오렸다. 가장 쉬운 글자부터 주고 한꺼번에 많이 주지 않도록 하였다. 이 낱글자들을 가지고 아는 낱말을 구성하는 활동을 하였다. 이렇게 했더니 한 글자 한 글자에 주의를 기울이는 것 같았다. 이것이 유리에게 해 준 가장 체계적인 한글 공부였다. 그러나 엄마는 바쁘다는 핑계로 이것도 충분히 해 주지 못하여 유리의 한글 실력은 그다지 늘지 않고 지금 주춤한 상태에 있다.

이따금 컴퓨터에서 낱말을 화면에 크게 보이도록 타이핑해 물어보는 놀이도 하였다. 컴퓨터를 활용하는 방법은 유아에게도 흥미로운 것 같다. 자신이 보는 앞에서 단어가 움직이고 만들어지는 것이 흥미를 끄는가 보다.

　이런 방법은 낱글자가 각각의 음소로 이루어져 있다는 것을 자연스럽게 알게 되는 계기가 된다. 유리는 컴퓨터에 무척 관심 있어 하지만, 엄마 이외의 다른 사람은 아무도 이런 방법을 쓰지 않아 엄마가 컴퓨터만 만지면 와서 달라붙게 되었다.

냉 장 고 텔 레 비 전 세 탁 기 우 산 숟 가
락 젓 책 상 침 대 방 집 학 교 연 필 색 풀
종 이 위 의 자 거 실 포 크 창 문 해 달 별
구 름 바 람 안 밖 동 그 라 미 세 모 네 사
람 어 른 친 구 감 자 포 도 수 박 배 추 무
과 오 렌 지 쪽 원 발 눈 손 코 귀 입 머 리
메 론 바 나 나 키 위 배 등 팔 다 리 인 형
블 럭 은 물 구 선 생 님 기 사 장 현 아 홍
승 희 김 희 정 나 귀 옥 병 휘 아 기 어 린
이 꽃 무 늬 자 호 랑 멍 멍 개 구 굴 개 굴
거 위 말 토 끼 강 아 지 뱀 똥 펭 권 닭 꼬
끼 뒤 앞 사 냥 꾼 가 재 소 라 염 소 돼 지
꼬 마 곰 꿀 벌 꿀 깡 충 깡 충 물 한 두 세
네 다 섯 마 리 앵 두 딸 기 오 이 호 박 내
얼 굴 반 짝 반 짝 참 외 복 숭 아 감

한글 낱자

엄마와 노트북 컴퓨터로 한글 공부를 하고 있는 유리
(유아교육 동영상, http://blog.naver.com/educarestory)

동화책과 언어 학습

총체적 언어 교육 접근

유아의 언어 능력을 키우기 위해서는 무엇보다 책을 많이 읽어 주고 접하게 하는 것이 최상의 방법이다. 동화책을 읽어 주는 것은 언어 교육의 총체적 접근법 이론이 주장하듯이 언어를 의미를 지닌 덩어리로 사용하도록 접근하는 방법이기에 풍부한 언어 환경을 제공한다. 새로운 낱말을 그것이 사용되는 맥락 내에서 익히도록 해 주기 때문에 그 의미를 알기 쉽고, 전체적인 스토리 속에서 언어가 사용되는 것을 경험하도록 해 주기 때문에 언어 능력의 탄탄한 배경을 형성해 준다.

요즘 엄마들은 책 읽기가 매우 중요하다는 점을 인식하여 어릴 때부터 알아듣지 못하더라도 책을 많이 읽어 주는 편이다. 잠자기 전에 책을 읽어 주는 것은 물론이고, 차를 타고 이동할 때나 그냥 놀 때에도 책을 읽어 준다. 심지어는 어린이집과 같은 유아를 위한 교육기관에 아이를 보낼 때에도 매일 한 시간씩은 책을 읽어 준다는 조건으로 취원시키는 엄마도 있다.

요즘은 좋은 책들이 낳이 있다. 글사를 모르는 아이들에세는 글자보다는 그림 위주의 책이나 한두 개의 단어만 있는 책이 좋다. 혹은 짧은 문장 속에 흔히 접하는 단어 한두 개를 굵은 글씨로 표시해 글자에 익숙하게끔 해주는 책도 좋다. 어떤 책은 글자가 전혀 없고 그림만 있는 책도 있다. 이런 책들을 보면서 엄마가 스토리를 얘기해 줄 수도 있고, 아이와 같이 무슨 내용일까 상상해 볼 수도 있다. 이는 유아의 상상력을 키워 줄 뿐만 아니라, 스토리를 만들 수 있는 능력을 어릴 때부터 기를 수 있게 해준다.

더 재미있는 책은 입체 그림책pop up book이다. 요즘은 유아용 입체 그림책도 다양하게 나오고 있다. 책장을 넘길 때 나비 혹은 개구리가 튀어 나오기도 하고, 색상이 움직이면서 변하는 카멜레온이 나오기도 하다. 유아들의 이해를 돕고 흥미를 끌기에 충분하다. 두꺼운 보드지 책에 구멍을 내어 손가락을 끼워 움직이는 손가락 책도 재미있다. 극적인 효과를 내면서 유아의 흥미를 끈다. 이런 책은 가격이 조금 비싸다는 점과 유아들이 거칠게 다루면 쉽게 망가진다는 점이 단점이기는 하다.

유리는 엄마가 책을 읽다가 빨리 끝내고 자고 싶은 마음에, 한 문장씩 빼먹으면 곧바로 지적하고, 책장을 한 장 넘겼는지 두 장 넘겼는지 무척 따지면서 감시한다. 그리고 가끔은 문장의 어미를 틀리게 읽으면 지적하기도 한다. '있었어요' 를 '있었습니다' 라고 읽으면 '있쩠쩌요지~' 라고 하면서 어눌한 발음으로 야무지게 지적한다. 혹은 '이것이' 라는 단어를 소리나는 대로 '이거시' 라고 읽어도 틀렸다고 주장한다. 많이 읽어 주지도 못하면서 아이를 속이려고 머리만 굴리는 엄마가 한심할 따름이다.

만 3세가 된 유리는 가끔 혼자서 책 읽는 흉내를 내기도 한다. 엄마가 자주 읽어 준 책은 스토리를 대강 외우기도 하고, 낱말을 조금 알기 때문에 엄마가 얼른 책을 읽어 주러 가지 않을 때엔 혼자서 소리 내어 읽기도 한다. 그러나 문자를 모두 해독할 수 있어 책을 읽는 것은 아니고, 대부분 문장을 통째로 외우고 있기 때문에 책을 읽고 있는 것처럼 보일 뿐이다. 그렇지만 이런 방법으로 조금만 더 지나면 곧 혼자서도 책을 읽을 수 있을 것 같다. 그렇다 하더라도 유리는 역시 엄마가 읽어 주는 것을 더 좋아한다.

좋은 책 고르기

세상의 모든 훌륭한 사람들의 성장 배경에는 풍부한 독서가 있었다. 물론 엄마로서 어떤 책을 사 주어야 하는지 결정하는 일은 쉽지 않다. 엄마들이 모이면 어떤 책을 사주었는지, 어느 출판사 책이 좋은지에 대한 대화가 많이 오간다. 책을 고르는 데 있어서 가장 중요하다고 생각되는 것들을 간추려 보면 다음과 같다.

유아를 위한 책의 가치는 그 무엇보다도 즐거움과 기쁨이다. 아이가 책을 읽는 것이 즐거운 일이라는 생각을 가지게 하는 것이 가장 중요하다. 또한 책을 읽어 주는 엄마도 즐겁고 기쁠 때 더 많은 책을 아이와 재미있게 상호작용하면서 읽어 줄 수 있어서 좋다. 아이들은 대체로 같은 책을 여러 번 읽기를 원한다. 재미없으면 엄마도 여러 번 읽어 주기가 꽤 괴롭다. 따라서 너무 교훈적인 내용보다는 재미있는 책을 고르도록 하자.

유아를 위한 책은 주로 그림책이다. 유아들은 글을 읽지 못하더라도 그림을 통하여 스토리를 이해하고, 무한한 상상을 즐기며, 정서적 안정을 느끼고, 미적 감각을 기른다. 따라서 그림이 심미적이고, 글과 조화를 이루며, 유아에게 친숙하고 생동감이 있어야 한다. 그리고 책을 읽어 줄 때에는 그림을 충분히 볼 수 있도록 천천히 읽어 주어야 한다. 아이들은 글로만 책을 읽는 것이 아니라 그림으로도 읽는다.

또한 그림은 정확해야 한다. 아이들은 어른들이 미처 보지 못하는 부분까지 자세히 본다는 것을 기억해야 한다. 하루는 유리에게 '알라딘의 요술램프'를 읽어 주었다. 마술사를 따라간 알라딘이 동굴 안으로 들어가 램프를 찾고 동굴 입구로 돌아오자 마술사는 램프를 먼저 올려 달라고 하고, 알라딘은 마술사가 의심스러워 자신을 먼저 꺼내 달라고 하는 장면이 있다. 그런데 알라딘이 동굴 안에 서 있는 위치와 동굴 밖의 마술사가 수평으로 그려진 그림을 보고 유리는, '왜 혼자 나오지 못하고 꺼내 달라고 하느냐' 고 나에게 물어왔다. 그림이 잘못 그려진 것을 유리에게 설명하자니 부끄러운 마음이 들었다.

유아를 위한 책은 사용된 어휘가 아이 수준에 맞는 것인지가 매우 중요하다. 어떤 어휘는 아무리 여러 번 설명해도 읽을 때마다 무슨 뜻인지를 묻는다. 이런 책은 좋은 책이 아니다.

유아를 위한 책은 또한 호흡이 짧고 읽기 쉬운 친절한 책이어야 한다. 대체로 아이들은 엄마가 읽어 주는 경우가 많고, 자신이 읽어도 마음 속으로 읽는 것이 아니라 소리 내어 읽기 때문에 이 점을 고려하여야 한다.

번역 책인 경우 문장이 번역 투를 그대로 옮겨놓지 않았는지, 유아에게 친숙하지 않은 어휘가 사용되지 않았는지 살펴보아야 한다. 「아기돼지 삼형제」를 읽어 줄 때마다 유리는 다음과 같이 질문했다. "엄마, 아기들이 왜 엄마랑 같이 살지 않고 집을 나가 따로 살아요?" 그래서 문학을 전공하시는 선생님께 여쭈어 보니 원저는 *The Three Little Pigs*라고 한다. '어린 돼지' 이기는 하지만 '아기'는 아니라고 하셨다. 아마도 '아기 돼지'라고 하는 것이 유아들에게 더 친숙하기 때문에 그렇게 번역한 것 같다.

아이의 연령에 따라 적합한 책은 다음과 같다. 4개월~6개월 사이의 아기를 위한 책은 아기들이 쉽게 잡을 수 있고 입으로 빨아도 상처를 주지 않는 천이나 비닐로 된 책이 적절하다. 아기에게 주는 첫 번째 책은 입에 넣어 씹을 수 있고 씹어도 망가시지 않고 몸에 해롭지 않은 재질이어야 한다. 이 단계의 아기에게는 한 페이지에 하나씩의 그림이 있는 것이 적절하다.

7개월에서 9개월 사이의 아기는 사물을 집을 수 있기 때문에 단단한 보드지로 만들어져 책장을 넘기기 쉽고 여러 번 만져도 잘 손상되지 않는 책이 좋다. 엄마가 책에 있는 사물의 이름을 말해 주고 아기가 손가락으로 그림을 지적하는 활동을 하기도 한다. 만 1세가 되면 책 읽기에 관심을 보이기 때문에 엄마가 다양한 표정과 목소리로 읽어 주면 아이의 흥미를 끌 수 있다. 만 1세 아이들은 책을 읽어 줄 때 많은 상호 작용을 하기 때문에 등장하는 동물과 사물에 따라 털·천·사포 등의 다양한 재질이 함께 사용된, 감각 자극을 촉진할 수 있는 책이 적절하다.

좋은 책을 고르는 가장 쉬운 방법은 뭐니 뭐니 해도 수상 작품을 선택하는 길이다. 칼데콧상은 가장 우수한 그림책 삽화가에게 수여하는 상이고, 한스크리스챤안데르센상은 어린이 문학에 기여한 작가에게 2년에 한 번씩 시상한다. 그리고 권위 있는 기관의 추천 도서를 선정하는 것도 좋은 책을 쉽게 고르는 방법이다.

아동문학 분야의 저명한 작가의 작품을 선택하는 것도 좋은 책 고르기의 쉬운 방법이다. 외국 작가로는 앤서니 브라운, 닥터 수스, 에릭 칼, 헬렌 옥슨베리, 마가레트 와이즈 브라운 등의 작품을 고르면 아름다운 그림과 함께 재미있는 글들을 읽을 수 있다.

컴퓨터 프로그램

어느 날 유리와 함께 컴퓨터를 하다가 어린이를 위한 사이트를 발견해서 들어가 보았다. 어린이의 수준에 따라 선택할 수 있는 다양한 단계가 있었고, 한글·영어·수학·일상 생활 및 오락 등의 다양한 영역이 있었다.

이런 프로그램은 유아의 흥미를 끌고 교육적인 효과도 고려한, 상당히 유익한 학습 도구였다. 한글 공부도 다양한 단계에서 단어 공부·낱자 공부·자모음 공부 등을 할 수 있도록 되어 있고, 영어는 짧은 문장을 반복하고 음률을 더하는 방법을 채택하고 있으며, 수학은 다양한 유아 수학 영역을 다루고 있다.

특히 일상 생활 측면에서는 유아에게 가르치고 싶은 기본 생활에 관한 내용이 담겨 있어, 엄마 말이 잘 먹히지 않을 때 교육에 도움이 되었다. 공부하다가 재미 없으면 좋아하는 노래를 선택하여 따라 부르기도 했다.

프린트하여 색칠하기 활동은 미술과 정서 교육에도 좋지만 글자 쓰기의 기초가 된다. 유리는 프린트가 되어 나오는 것이 신기해서 좋아했지만, 자신의 수준에 맞지 않는 것을 선택하여 별로 도움이 되지는 못했다. 만약 수준에 맞는 내용들을 잘 선택한다면 아이의 교육에 꽤 도움이 될 수 있을 것이다.

이 컴퓨터 프로그램을 하면서 유리의 한글이 많이 늘었다. 특히 낱자를 공부해야 하는 시기에 시작했기 때문에 낱자에 대한 인식이 성장했다. 그러나 이도 역시 엄마 이외에는 함께 해주는 사람이 없어 더 이상의 교육적 효과는 기대하기 어려웠다.

컴퓨터는 오래 하면 좋지 않은 점이 더 많아 유의해야 한다. 시력이 나빠지는 것은 물론이고, 몸을 움직이지 않기 때문에 비만이 올 수 있으며, 무기력하고 수동적이기 쉽다.

유리는 컴퓨터 속의 캐릭터가 움직일 때 무서워하거나, 새로운 것을 시도할 때 상당한 두려움을 표현하기도 한다. 어른이 보기에는 문제 없는 것도 아이에겐 자극적인 내용들이 많은 것 같다. 어느 날 아빠와 컴퓨터를 하다가 유리가 몹시 슬프게 울었다. 아빠가 '뜸북뜸북 뜸북새~ 논에서 울고'라며 컴퓨터에서 나오는 '아빠 생각' 노래를 너무 구슬피 부르는 바람에 유리의 정서를 자극하였던 것이다.

특히 컴퓨터 게임 혹은 학습을 하다가 틀렸을 때 나오는 '땡' 하는 소리가 무서워 더 이상 하지 않으려는 경우도 있었다. 맞았는지 틀렸는지 알려 주어야 하지만 어린 아이들에게는 그 방법 또한 신중히 고려하는 것이 좋을 것 같다.

요즘 같은 인터넷 세상에는 좋은 동화책을 읽어 줄 수 있는 무료 인터넷 사이트도 많다. 내가 주로 들어가 본 사이트는 유리와 누리가 함께 하는 신나는 동화 여행(www.yurinuri.com)이다. 네이버·다음·야후 등의 포탈 사이트에도 유아를 위한 프로그램이 많고 무료 샘플들도 있다. 또한 외국 사이트의 경우 킨더사이트(www.kindersite.org)나 키즈클럽(www.kizclub.com) 등에서도 좋은 동화 및 다른 유아용 활동을 무료로 즐길 수 있다.

'그림책 육아' 정보를 구할 수 있는 동심여선(www.dongsimin.com), 어린이책 관련 문화 정보가 담긴 오른발왼발(www.childweb.co.kr), 깊이 있게 어린이책 전반을 들여다보고 공부할 수 있는 열린어린이(www.openkid.co.kr), 과수원 가꾸기, 꽃 키우기, 케익 만들기 등. 재미난 게임들이 많은 아담웍스 사이버농장(www.adamworks.com), 16,000여 동물 그림들이 있는 비상업적 사이트로 단순히 동물원의 동물들뿐 아니라 어류, 양서류, 곤충, 파충류, 조류 등 대부분의 동물군을 찾을 수 있으며, 동물그림창고(http://animalpicturesarchive.com/animal/)등 유익한 사이트들이 참 많다.

핸드폰으로 숫자 정복

아이들이 쉽게 만질 수 있고 흥미 있어 하는 장난감이 핸드폰이다. 요즘 핸드폰은 번호를 누를 때 소리가 나기 때문에 더욱 그렇다. 유리도 한 돌이 지나면서 엄마 아빠의 핸드폰을 자주 가지고 놀았다. 처음에는 핸드폰의 번호들을 눌러 보거나 전화를 걸어 보는 것에만 그쳤던 아이가 핸드폰 다루는 일이 수월해지자, 종종 벨소리 선택을 눌러 다양한 음악과 재미난 소리들을 즐겨듣기 시작했다. 어떤 기능은 엄마 아빠보다도 먼저 터득해 사용한 적도 있었기 때문에 혹시 국제 전화라도 걸까봐 금지 설정을 해 두어야 했다. 하루는 아빠의 핸드폰을 화장실 변기에 빠뜨리는 바람에 새로 교체해야만 했던 일도 있었다.

숫자 공부에 이 핸드폰보다 더 좋은 교구는 없는 것 같다. 숫자 판을 누를 때 나는 수 이름 소리와 화면에 뜨는 숫자 때문에 자신이 누른 숫자가 어떤 숫자인지 바로 알 수가 있다. 0에서 9까지 숫자를 알게 된 유리는 텔레비전 리모컨으로 다시 숫자를 확실히 익혔다. 리모컨은 자신이 누른 대로 화면이 바뀌면서 화면에 숫자가 나타나기 때문에 더욱 흥미로워했다. 숫자 공부를 위한 다른 교구가 필요없을 정도였다.

만 1세 아이의 경우, 과자가 앞에 놓여 있으면 양이 더 많은 무더기를 선택하려 하고 한 개보다는 여러 개의 사물을 가지려고 하는 것을 볼 때, 어느 정도 수 개념을 형성한 것처럼 보인다. 그러나 한 살 반, 두 살 아이가 숫자를 알고 수 세기를 할 수 있어도 수 개념을 터득한 것은 아니다. 2세 반 정도 되어야 두 개 혹은 세 개의 사물을 셀 수 있는 능력을 가지며, 만 4세는 5 이하, 만 5세는 5 이상 10 이하의 수 개념을 가진다고 한다. 20까지, 30까지 혹은 100까지 수를 셀 수 있다고 그 수의 개념을 이해하는 것은 아니다.

아이에게 진정한 수 개념을 심어 주기 위해서는 정성을 기울여

야 한다. 일상 생활에서 다양한 경험을 하도록 하는 식으로 아이
가 수를 잘 세지 못한다고 해서 암기식으로 숫자와 수 세기 학습
을 강요하지 말아야 하는 것은 물론이다.

엄마와 핸드폰과 리모컨으로 숫자를 익히고 있는 유리
(유아교육 동영상, http://blog.naver.com/educarestory)

보존 개념의 형성과 수 개념

취학 전 유아는 보존 개념이 형성되지 않아서 어른들이 보기에는 기이한 답변을 하는 경우가 많다. 유치원에 다니는 아이에게 과자를 주면서 윗줄에 5개, 아랫줄에 5개를 같은 간격으로 배열해 두면 윗줄과 아랫줄의 과자의 수가 같다고 한다. 그 후 아이가 보는 앞에서 윗줄은 띄엄띄엄 넓게 배열하고 아랫줄은 촘촘하게 배열한 후 어느 줄의 과자가 더 많은가 물으면 '윗줄'이라고 말한다. 아이의 엄마가 기가 막혀서 '너, 20까지도 셀 줄 알잖니? 몇 개인지 세어 보자'라고 하면, 아이는 '하나, 둘, 셋, 넷, 다섯' 그리고 아랫줄을 보고도 '하나, 둘, 셋, 넷, 다섯'이라고 대답한다. 그리고 또 '그럼, 어느 줄의 과자가 더 많은 거야?' 라고 물으면 이번에도 자신 있게 큰 소리로 '위의 줄' 이라고 대답한다.

그러나 이 아이는 정상이다. 아직 보존 개념이 형성되지 않은 만 3, 4세 유아는 사물이 배열된 겉모습에 영향을 받아, 넓게 배열된 사물을 더 많은 것으로 생각한다. 혹은 똑같은 양의 찰흙덩이를 눌러 씨그러뜨리면 양이 더 적어신다고 생각한다. 이는 유아가 겉모습이 바뀌어도 그 수나 양은 일정하게 보존된다는 것을 모르기 때문이다. 유아기 말쯤에 가서야 수나 길이의 보존 개념이 형성되고 이어 면적이나 양의 보존 개념이 형성된다. 보존 개념이 형성되어야 진정한 수 개념을 가졌다고 할 수 있기 때문에 유아기 동안 암기식으로 숫자를 외우는 것은 별 의미가 없다고 할 수 있다.

그러나 보존 개념이 형성되지 않았다고 해서 유아를 그냥 내버려 두는 것은 바람직하지 않다. 물론 암기식으로 외우는 방법도 그리 바람직하지는 않다. 생활 속에서 아이에게 의미 있는 방법으로 숫자를 접하게 하고 수 개념을 익히게 하는 것이 이후 학교에서의 형식적 학습에도 보탬이 되기 때문에 가장 좋은 학습 방법이 된다.

어느 날 뉴스를 보니, 남미의 가난한 어린이들이 거리에서 물건을 팔아 연명하고 있었다. 아이들에 대한 연민이 앞섰던 게 사실이지만, 유심히 보니 이 어린이들은 학교에 다니거나 교육을 받을 기회가 없어서 숫자나 글자를 쓰는 것은 물론 읽지도 못했다. 그럼에도 불구하고 돈 계산은 너무나 잘 하는 게 아닌가. 돈과 관련된 수와 연산이 자신에게는 무척 의미 있고 중요한 일이기 때문에 잘 학습할 수밖에 없었던 것이다. 이런 예는 조금 극단적 경우이긴 하지만, 유아들이 좋아하는 사물 혹은 매일 접하게 되는 일상적인 상황에서 수를 경험하게 하는 것이 가장 좋은 학습 방법임을 말해 준다. 이는 비단 수 익히기에만 국한된 문제는 아닐 것이다.

*보존 개념은 어떤 대상의 외양이 바뀌어도 그 양적 속성이나 실체는 바뀌지 않는다는 사실을 이해하는 능력을 뜻한다.

7. 유아기의 교육

유리는 지금 과학 실험 중

유아들은 무엇이든지 손으로 만지고, 입에 넣어 보고 던지고 발로 차 보면서 사물에 대한 지식을 얻게 된다. 피아제Jean Piaget의 구성주의 이론은 외부에서 다른 사람이 지식을 전달해 주거나 가르쳐 주어서가 아니라, 유아가 자신의 몸으로 환경과 직접 상호 작용하여 머릿속에 지식을 구성하면서 지식이 습득된다는 입장이다. 특히 2세 미만은 감각운동기로서, 입으로 빨거나 발로 차거나 손으로 만지는 것이 더욱 중요한 시기이다.

이런 관점에서 보면 아이가 만지는 모든 것은 학습이고, 던져 보는 것이 실험이며, 망가지더라도 조작하는 것이 지식을 습득하는 길이다. 물론 쉽게 고장 나는 물건들은 안 보이는 곳에 보관해야 하겠지만, 웬만한 것은 만지도록 해 주어야 한다. 그리고 어른의 눈치를 보지 않고 아이 마음대로 가지고 놀 수 있는 장난감들을 풍부하게 제공해 주어야 한다.

우리 집에서는 고장 나면 곤란한 물건 몇 개 빼고는 유리가 마음껏 만질 수 있도록 해 주었다. 조금 부서져도 부서진 만큼 유리가 인지적인 성장을 하였을 것이라고 생각한다. 그래서 CD 플레이어, 핸드폰, 비디오, TV 등은 할머니 할아버지보다는 물론이고 엄마 아빠보다도 오히려 유리가 그 기능을 더 잘 알고 있을 정도다.

어느 날 유리에게 간단하게 조립한 후 가지고 놀 수 있는 장난감을 사다 준 적이 있다. 할아버지께서는 유리가 만지면 제대로 완성하지 못하거나 망가진다고 손도 대지 못하게 하고 혼자서 조립하셨다. 예전에는 장난감조차 귀할 때에는 부서지면 안 되는 귀한 것이 많아서 아이들은 함부로 만지지도 못하게 하고 구경만 해야 했을 것이다. 하지만 이렇게 해서는 장난감 구실을 전혀 하지 못한다. 장난감이야말로 아이가 마음대로 만지고 부수고 실험할 수 있는, 아이 자신의 것이 되어야 한다.

영어 조기 교육에 대한 단상

 우리나라는 전 국민이 영어 공부에 목을 맨다. 영어 조기 교육의 열풍은 그 어떤 교육 정책도 가라앉힐 수 없는 거센 파도가 되었다. 영어 능력이 필수가 되어서 이를 자유 자재로 구사하지 못하면 유리 세대에서는 어떤 일도 할 수 없으리라는 강박 관념 때문이라고 생각해 본다.

물론 영어를 구사하는 능력은 매우 중요하다고 생각한다. 그러나 요즘 뇌 발달 이론을 살펴보면 유아기에 훈련과 연습drill & practice 방식의 외국어 교육은 바람직하지 않다고 한다. 서울대 서유헌 교수의 뇌 발달에 관한 연구를 우선 자세히 소개해 본다.

　3~6세의 유아기는 전두엽이 빠르게 발달하는 시기로 전두엽은 종합적인 사고력·창의력·판단력을 관장하고, 감정의 뇌를 조절하며, 인간성·도덕성· 종교성 등 최고의 기능을 담당한다. 따라서 암기 위주의 학습보다는 창의적이고 종합적인 사고를 촉진하는 통합적이고 탐구 중심의 교육과 인성 교육에 중점을 두는 것이 좋다.

　아동기는 언어 중추의 발날이 최고소에 달하는 시기이브로 이때 언어 교육이 효율적으로 이뤄져야 한다. 그렇게 볼 때, 초등학교 입학 전에는 자연스럽게 외국어를 접하는 기회를 주다가 본격적인 외국어 교육은 초등학교 시기에 제공할 때 더 효율적이라는 얘기가 될 수 있다. 어릴 적부터 너무 강제 주입식으로 외국어 교육에 매달리다 보면, 상호 경쟁하는 두 개 언어를 효과적으로 발달시키기가 어렵게 된다. 오히려 스트레스를 과중하게 받아 뇌 발달에도 지장을 초래하고 정서적인 문제가 생길 수도 있다.

　그러나 어릴 때부터 모국어와 외국어를 습득할 수 있는 이중 언어 환경에 노출되어 있는 경우는 아주 바람직하여 아이가 모국어와 외국어를 동시에 습득할 수 있게 된다고 한다. 킴Kim 등의 연구에 의하면, 어릴 적 외국어를 습득한 사람은 모국어와 외국어 모두 대뇌의 언어 중추인 브로카Broca 언어 영역의 활성화되는 부분이 동일하게 나타나는 반면, 성인기에 외국어를 습득한 사람은 모국어와 외국어 처리 영역이 나타난다는 것이 발견되었다고 한다.

유리도 만 5세부터 엄마를 따라 영어권 나라에 가서 생활할 계획이다. 이럴 경우 갑자기 영어권 학교에 다니게 되면 아이들이 받게 될 스트레스는 이루 말할 수 없을 것이다. 어떤 사람들은 유아기에 외국에 가면 자연스레 영어를 배우게 될 텐데 무엇을 걱정하느냐고 하지만, 이런 경우일수록 영어를 미리 공부해 두어야 한다는 생각이 든다. 미국에서 살 동안 자폐아라는 판정을 받은 아이가 한국에 돌아와서는 정상이라는 판정을 받았다고 한다. 미국에서는 언어가 통하지 않아 자폐아라는 판정을 받을 정도의 심각한 소통 부진 상태에 있었다는 뜻이다. 그래서 나의 수입의 많은 부분이 유리의 영어 공부에 투자되고 있다.

그러나 개인적으로 조기 유학에는 반대한다. 아이를 외국에 보내서 그 곳에서 살게 할 계획이 아니라면 어릴 때부터 한국 사회에 적응하여 살게 하는 것이 아이를 위한 길이라는 생각을 한다.

하나밖에 없는 아이를 외국에 살게 하면서 서로가 외롭게 살 필요
가 없다는 생각이기도 하다. 짧지만 외국 생활 경험이 있는 나로
서는 외국의 생활이 한국의 생활보다 낫다는 생각에도 동의하지
않는다.

조기 유학을 하다가 돌아오거나 국제 학교에 다니다가 한국 학
교로 돌아오면 더욱 심각한 문제가 발생할 수도 있다. 그럴 경우
한국 사회에도 적응하지 못하고 외국 사회에도 적응하지 못하는
이중 부적응의 아이가 될 가능성이 높다. 유리에게는 초등학교 혹
은 그 이전 시절 동안 영어권 나라에서 생활해 봄으로써 영어를
생활 속에서 습득하게 하는 경험과 다양한 문화를 이해하는 경험
을 갖게 해 주고 싶다.

책 읽기 휴가
유리의 책 읽는 습관을 위하여

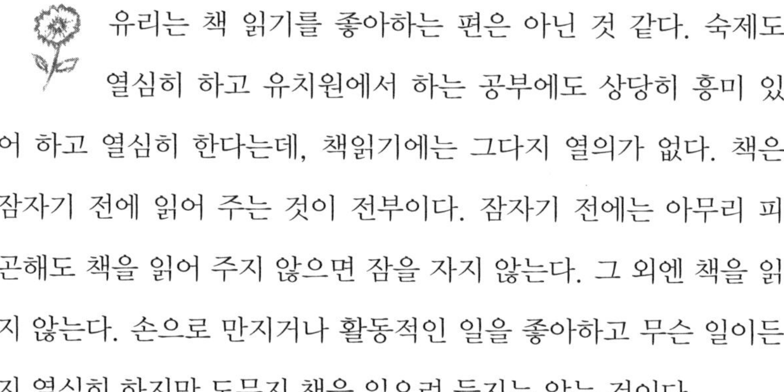 유리는 책 읽기를 좋아하는 편은 아닌 것 같다. 숙제도 열심히 하고 유치원에서 하는 공부에도 상당히 흥미 있어 하고 열심히 한다는데, 책읽기에는 그다지 열의가 없다. 책은 잠자기 전에 읽어 주는 것이 전부이다. 잠자기 전에는 아무리 피곤해도 책을 읽어 주지 않으면 잠을 자지 않는다. 그 외엔 책을 읽지 않는다. 손으로 만지거나 활동적인 일을 좋아하고 무슨 일이든지 열심히 하지만 도무지 책을 읽으려 들지는 않는 것이다.

훌륭한 사람들의 성장 배경에는 모두 독서가 큰바탕을 이루고 있다고 한다. 빌 게이츠도 책 읽는 속도가 빠르고 독서량이 매우

많으며, 심리학자 프로이트도 독서광이었고, 시골 의사 박경철 선생님의 집도 책으로 빼곡히 둘러싸여 있다고 한다. 이들의 공통점으로 모두 독서광이라는 점과 책 읽는 속도가 매우 빠르다는 점을 들 수 있다. 성공한 사람들의 성장 스토리를 보면 모두 굉장한 독서를 하였다고 하는데, 유리는 책 읽기를 별로 좋아하지 않아 걱정스럽다.

태아기 동안 엄마가 책을 별로 안 읽어 주어서 그런가? 재미있는 책을 많이 안 사주어서 그런가? 종이 책이 재미없어서 그런가? 별별 생각을 다해 보았지만 아직 답을 알 수 없다. 사실 재미있는 책을 많이 사주지도 못했고, 낮 시간 동안 책을 읽도록 유도해 보지 않은 것 또한 사실이다. 유리는 인터넷의 어린이 프로그램에서 그림과 함께 제시되는 동화도 별로 즐기지 않는 편이다.

그러나 이런 유리도 잠자리에서만은 반드시 책을 읽는 것을 보면 낮에 책 읽는 습관이 길러지지 않은 것이 가장 큰 문제인 듯하다. 어떤 엄마는 하루에도 몇 시간씩 책을 읽어 주었다. 한 번에 열 다섯 권씩 읽는 일은 보통이었고, 아이가 잠이 들어도 그치지 않고 한참을 더 읽어 주었다. 정말 목이 아프도록 책을 읽어 준 결과로 지금 아이가 영재학교에 다닌다고 한다. 그에 비하면 유리 엄마 아빠가 책을 덜 읽어 준 것만은 틀림없다.

방 입구에 마련해 둔 유리 책장을 유리가 많이 이용하는 안방의 가장 손 닿기 쉬운 곳으로 옮겨 주었다. 그리고 차분히 앉아서 책 읽는 기회를 더 많이 만들도록 노력하고 있다. 더 흥미롭고 재미있는 그림이 많은 책들을 준비해야겠다. 대학교에는 모든 일에서 쉬면서 재충전을 하는 휴가 혹은 안식년의 제도가 있다. 나는 책 읽기를 위한 휴가를 정기적으로 가지고 책만 보면서 보내는 날들을 계획하려 한다. 그러나 아무리 좋은 취향도 다그쳐서 좋아하게 만들 수는 없는 법이다. 유리가 초등학교에 들어가서 자유 자재로 글을 읽을 수 있게 되면 달라질 수도 있을 터이니 조금만 더 기다려 보기로 하자.

은물 교육이 좋은 이유

만 2세가 되자 유리를 집에서만 돌보는 것에 한계가 느껴져 본격적으로 교육 활동을 시행해야겠다고 마음먹었다. 그러나 어디에서부터 시작해야 할지 몰랐다. 이리저리 찾아보고 다른 엄마들과 얘기해 보니 은물 혹은 가베 교구를 다른 아이들은 이미 모두 가지고 있고, 가정방문 교사로부터 교육도 받고 있다는 것이었다.

프뢰벨Froebel이 유아를 위하여 처음 만든 은물은 유아를 위한 본격적인 교육 자료가 없었던 그 당시로서는 획기적인 교구였다. 그래서 신으로부터의 선물(Gift from God)이라는 표현까지 주어졌다. 그러나 지금 돌이켜 볼 때, 유아에겐 너무 추상적이고 단편적이 아닌가 생각되기도 한다. 또한 일상 생활 맥락 내에서의 의미 있는 활동이 학습 효과도 좋다는 이론에 비추어 보아서도, 교구의 구성이 유아의 일상과 동떨어져 있지 않은가 여겨진다.

그러던 어느 날 우연히 은물을 활용하는 시범 수업을 보고, 이 교구를 그냥 옛날식으로만 사용하는 것이 아니라 현대의 유아교육 이론에 맞게 새로운 방법으로 활용하고 있어서 놀랐다. 즉, 은물만 가지고 단편적인 주입식 교육을 하는 것이 아니라 다양한 교재 교구와 함께 사용하면서 통합교육을 펼쳐내고 있었던 것이다. 통합교육은 수 혹은 언어·도형 등 한 가지씩 별도로 가르치는 것이 아니라 이들을 하나의 큰 활동 속에서 자연스럽게 가르치는 교육 개념을 말한다. 이런 방법은 일상 생활과 유사한 경험을 제공하기 때문에 유아가 훨씬 이해하기 쉽고 잘 받아들인다. 은물을 활용한 수업도 먼저 좋은 동화 읽기로 시작하여 그 내용과 인물에 대하여 이야기하고, 동화에 나오는 인물 혹은 사물을 은물로 표현하는 활동을 벌이기도 하였다. 항상 일상 생활 혹은 동화 스토리 및 활동에 맞게 은물을 소개하였으며, 어떤 때는 율동과 신체 활동까지 하면서 유아들에게 알맞은 방법으로 활용하는 모습을 보여주었다.

또 어떤 때는 다른 활동을 마무리하면서 은물을 활용하여 구성하기도 하고, 문제 해결의 과정을 은물로 나타내기도 하였다. 이와 같이 은물을 이용하여 자신의 사고 과정을 표현하거나 문제해결을 도모하는 것은 유아의 발달을 촉진하는 좋은 교육 방법이라고 할 수 있다. 즉, 이러한 교구를 활용하는 것은 인지 발달의 과정에 있어서 구체적인 사물에 의한 사고로부터 추상적인 사고로 가는 중간 단계의 활동을 이루게 되는 것이다. 유아들은 구체적인 사물을 직접 다루어야만 학습할 수 있는 발달 단계에 놓여 있다고 할 수 있다. 그러나 언제까지나 이 단계에만 머물러 있는 것은 물론 바람직하지 않다. 다음 발달 단계인 추상적인 논리적 단계로 넘어가야 하는 것이다.

가장 인상 깊었던 것은 8은물인 막대 끝에 인형 눈을 붙여 책 속의 글자에 유아들의 시선을 집중시키는 아이디어였다. 엄마들이 많이 찾고 인기가 있는 데에는 역시 그 이유가 있기 마련이라는 생각이 들었다.

유리도 가드너Gardner의 다중지능 이론에 근거하여 개발한 다중지능 은물 수업을 받게 되었다. 상냥하고 예쁜 선생님이 오셔서 유리를 잘 돌보아 주면서 음악·미술·수·언어 등의 다양한 영역을 골고루 다루는 수업을 하였다. 그런데 재미있어 하던 유리가 어느 날 공부를 더 이상 하지 않겠다고 하였다. 선생님과 상의하여 한 달 정도 쉬어 보았지만 이후에도 뜻을 바꾸지 않았다. 이유를 추측해 보면 아마도 5은물과 6은물의 수업이 만 2세의 유리에게는 다소 복잡하게 느껴졌던 것이 아닐까 싶다. 시간이 흐른 뒤에 다른 선생님과 수업을 하면서 흥미를 되찾았다. 너무 재미있어 해서 수업이 없는 날에는 은물 선생님이 언제 오시냐고 기다리기까지 했다.

그룹 피아노 레슨

유리가 만 3세가 되었을 때 사촌 언니로부터 피아노를 물려 받았다. 피아노 건반을 두드리는 손가락에 힘이 있어 보이고 피아노에 흥미를 가지는 것 같아서, 피아노 레슨에 대하여 알아보게 되었다. 피아노 같은 악기는 주로 개인 레슨을 한다는데, 어느 날 동사무소 관할의 복지관 교육 프로그램에 그룹 피아노 과목이 있는 것을 발견하였다. 이름을 올려 놓고 조금 대기하다가 드디어 피아노를 배울 수 있게 되었다.

교습비도 개인 레슨의 4분의 1 정도밖에 되지 않고, 한 반에 네 명이 정원이었다. 네 명의 친구들이 만나서 피아노를 배우기 시작한 지 벌써 2년이 다 되어 가지만 지금껏 피아노 배우러 가지 않겠다고 떼쓴 적이 한 번도 없다. 다른 친구들도 똑같은 반응이다. 다른 것은 배우다가 안 하겠다고 떼를 쓰기도 하고 그러다가 그만두기도 했지만 피아노만은 꾸준하게 하고 있다. 선생님이 유아 수준에 맞춰 해 주는 수업 방식 덕분이기도 하지만, 가장 큰 이유는 역시 친구들과 함께 하는 피아노 공부가 퍽 재미있는 모양이다. 유리도 개인 레슨을 받았다면 아마 지금쯤 그만두었을지도 모른다는 생각이 든다.

유리가 피아노를 배운다니까 어떤 엄마는 바이엘 배우냐고 물었다. 천만의 말씀! 어린 유아들이 바이엘처럼 연습과 훈련을 반복하는 프로그램을 배운다면 아마 단 하루도 지속할 수가 없을 것이다. 유리는 유아 수준에 맞게 만든 교재를 가지고 수업하는데 악보 읽기 이론 공부는 크레파스로 색칠하는 방법으로, 피아노 연주도 재미있는 캐릭터가 등장하는 스토리 전개 속에서 이끌어 나간다. 마칠 때는 다 함께 노래 부르기도 잊지 않는다.

피아노 레슨은 일 주일에 한 번밖에 하지 않기 때문에 집에서 연습하는 일도 매우 중요하다. 그러나 일 년이 되도록 나는 숙제가 뭔지 실제로 전혀 몰랐다. 이모가 늘 데리고 다니다가 그만둔 다음 내가 데리고 갔을 때에야 비로소 숙제가 있다는 사실을 알았다. 그때부터 숙제를 하도록 도와 주었고 내가 바쁠 때에는 아빠에게 부탁하였다. 어느 날 피아노 연습을 했느냐고 물었더니 하였다고 대답하였다. 그런데 맙소사! 악보도 보지 않고 자기 마음대로 피아노 건반 두드리는 것을 숙제했디고 둘리덴 것이다. 피아노 숙제를 정식으로 하기 시작한 이후 유리의 피아노 실력은 눈에 띄게 늘었고, 자신감도 생겨 피아노 치기를 매우 즐겨 했다. 지금은 양손으로 피아노를 치고 제법 아름답게 치려고 노력한다.

이제 곧 유리와 나는 영국으로 가서 일 년 정도 살다가 올 예정이다. 그 동안 해온 피아노 레슨을 그만두는 것이 가장 아쉽다. 요즘은 긴 두루마리 종이처럼 둘둘 말아서 휴대할 수 있는 피아노가 있다고 들었다. 이런 피아노를 사 가지고 가서 재미있는 곡 중심으로 연습시켜서 피아노 치는 것을 잊지 않도록 해야겠다.

그림 그리기 좋아하는 유리

유아기의 아이들이 다 그러하듯 유리도 그림 그리기를 매우 좋아한다. 처음 그림을 그리기 시작할 때엔 만 3세가 됐는데도 손에 힘이 없고 손가락 소근육 조절력이 발달되지 않아서 색칠하기 선 안에 색칠하는 것조차도 힘들어 했다. 나는 앞으로 글씨 쓰기에도 문제가 될 것 같아 그림을 많이 그리도록 격려하곤 했다. 거실에 이젤도 하나 얻어다 세워 두고 종이를 많이 끼워 주었다.

만 2세부터 만 3세 중반까지 선 안에 색칠하는 것을 어려워하던 유리가 만 3세 말이 되어 갈 무렵 두족인을 그리기 시작했다. 집에서는 못 보았는데 유치원 결과물 파일 속에 두족인이 들어 있어 매우 놀랍고 신기했다.

유아가 만 2세가 되면 그림 그리기에 관심을 가진다. 굵은 매직이나 크레파스로 마구 끄적이는 활동을 하기 시작하는데, 이 단계를 유아의 미술 발달에 있어서 난화기(scribbling stage)라고 한다. 처음에는 낙서처럼 여러 방향으로 마구 선들을 그리다가 점점 선들에 질서가 잡히고, 자신의 낙서 같은 그림에 이름을 붙이게 된다. 유리도 엄마가 보기에는 낙서처럼 보이는 것을 그리고는 불꽃놀이 그림이라고 하였다.

만 3세 후반기가 되면 그림에 점점 형태가 나타난다. 둥근 원 혹은 사각형과 유사한 여러 형태들을 조합하여 추상화처럼 그리다가 어른이 알아볼 수 있는 형태를 그리게 된다. 유아들이 그리는 최초의 형태는 인물이다. 유리도 그때부터 많은 두족인을 그렸는데 머리에서 몸통이 없이 곧바로 다리를 그리고, 그 다음에는 팔을 그리는 인물화가 나타났다. 만 3세 말에 나타난 두족인은 한 해 동안 점점 발달하여 두 다리의 상단 부위를 서로 연결하여 목과 유사하게 되었고, 다리의 하단 부위를 서로 연결함으로써 몸통과 유사하게 되었다. 그리고 4세 중반에는 몸통과 목이 있으며 팔다리가 있는 인물화가 나타났다.

만 4세부터는 본격적으로 인물 그림이 많이 나타났고, 특히 드레스 입은 공주에 관심이 생기면서 매일매일 공주를 그렸다. 그 결과 두족인은 목과 몸통, 다리가 구분되는 형태로 점점 발달하게 되었으며, 4세 말이 되자 발과 손을 분명하게 인지하고 그려넣었다. 또한 알파벳을 반복적으로 많이 그려넣는 표현도 나타났으며, 만 4세 8개월이 되자 기저선이 나타나고 투시적 표현도 나타났다.

유아기 그림의 특징은 두족인, 기저선, 의인화, 반복적 표현, 투시적 표현 등이다. 두족인은 얼굴에서 직접 두 개의 다리와 팔이 나오는 형태로서 모든 어린이 그림의 공통적인 특징이다. 기저선 표현은 이전에는 화면 전체를 평면으로 보고 그 위에 사람과 자동차를 그리다가 하늘과 땅을 구분하는 선을 그린 다음, 땅 위에 사람과 집, 나무를 그리고 하늘에는 태양과 구름, 새를 그리는 형태이다. 유리는 4세 후반기가 되었을 때 땅의 기저선 뿐만 아니라 하늘의 경계선도 그리고 하늘에는 꽃 모양의 예쁜 구름들을 그려넣었다.

투시적 표현은 사물의 보이지 않는 속을 그리는 표현 형태이다. 즉 동물의 몸속 뼈와 내장이나 집안의 사람이며 땅속의 벌레와 동물 등을 그린다.

반복적 표현은 같은 모양을 여러 번 반복하여 그리는 양상으로서, 유리는 문자, 알파벳 그리고 하트를 많이 그려넣었다. 만 4세 5개월이 되던 스승의 날에 유지원 선생님에게 쓴 감사 편지에는 편지지의 맨 머리에 가장 중요하다는 듯이 1부터 10까지의 숫자를 크게 써넣었다. 그리고 나서 엄마가 가르쳐 주는 감사의 글을 한자 한자 써나갔다. 그걸 받은 선생님은 얼마나 웃으셨을까?

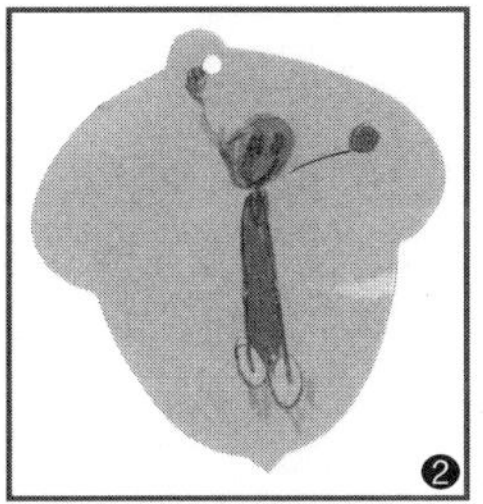

1, 2 두족인 액자와 그림

3. 두족인 가족: 아빠는 노래 부르고 있음.
알파벳(YURI, MUM, DAD)은 아래에서 위로 씌어짐.

4. 발전된 두족인 공주

5. 기저선과 투시적 표현: 아래는 땅 기저선, 위의 푸른색은 하늘 경계선

〈유리가 그린 그림들〉

감각적인 아이, 분석적인 아이

유리는 입맛이 상당히 발달하였다. 유리가 잘 먹는 것을 먹어 보면 분명히 맛있는 음식이고, 잘 먹지 않아서 먹어 보면 너무 식었거나 맛이 없다. 유리는 또한 식사에 매우 까다롭다. 출근 준비로 분주한 아침 바쁜 마음에 유리 입안에 음식이 아직 있는데 한 술 더 넣어 주려 하면 유리는 '이따가' 라고 말한다. 특히 다른 음식을 주면 '다 먹고, 맛이 없어' 라고 하면서, 서로 다른 음식을 절대로 한꺼번에 섞어 먹지 않는다. 음식을 다 먹은 다음 후식을 주면 '잠깐만' 하면서 반드시 물로 입안을 헹군 후에 먹는다. 여러 가지 음식이 나오는 음식점에서는 사용하던 접시에 다른 음식을 담아 주면 새 접시에 담아 달라고 한다. 숟가락과 포크도 마찬가지다. 음식을 먹던 포크로 절대로 후식을 먹지 않는다. 음식점에서 종업원에게 심부름을 너무 많이 시키는 것이 미안해서 냅킨으로 깨끗이 닦은 후 주기도 한다. 이런 고급 식사 예절은 가르치지도 않았는데 어찌 그렇게 잘 해내는지!

유리는 피아노와 바이올린을 배울 때도 매우 감각적이었다고 한다. 피아노 악보는 제대로 읽지 못하지만 피아노는 꽤 잘 친다. 손으로 감각적으로 피아노를 치는 편이라고 한다. 악보 읽기에 조금 치중하였더니 피아노 공부 안 간다고 떼를 쓰기도 하였다. 같이 피아노를 배우는 서린이는 악보를 정확하게 읽고 피아노를 치고 자신이 잘 알지 못하는 것은 연주하려 들지 않는다고 하였다. 결국 두 아이의 특성이 모두 합쳐져야 좋은 피아노 연주를 할 수 있다고 선생님께서 말씀하셨다.

이런 감각적인 유리의 단점은 문제를 분석적으로 꼼꼼히 살피지 않는다는 점이다. 학교에서의 성취는 대부분 분석적인 사고를 가지고 꼼꼼히 따져보는 아이가 높은 편이다. 그래서 그런지 벌써부터 유치원에서 한 간단한 테스트에서 유리는 뒤처진 아이가 되고

말았다. 꼼꼼히 따져 보고 분석적인 사고를 하도록 도와 줄 수는
없을까 고민중이다. 감각적이고 거침없는 시도를 하는 특성을 살
려나가면서도 말이다.

우리 아이의 지능은?
가드너의 다중 지능 이론을 중심으로

부모라면 누구나 우리 아이의 지능이 어느 정도일까라는 의문을 갖게 된다. 나도 가끔 '유리는 지능이 어느 정도일까? 나중에 속 안 썩이고 학교는 잘 다닐까?' 이런 생각을 하면서 걱정이 들기도 한다. 유리 친구 엄마들은 유리가 아주 똑똑하다고 한다. 말을 어쩜 그렇게 잘 하느냐는 것이다. 그런데 말을 잘 하는 것과 똑똑한 것이 반드시 일치하는 것은 아니라는 데 문제가 있다.

최근 가드너Gardner가 주장한 이론에 의하면 인간의 지능이 단 한 개의 지능으로 된 것이 아니라 서로 독립적인 9개의 지능으로 구성되어 있다고 한다. 즉, 신체·운동 지능, 언어 지능, 논리·수학 지능, 공간 지능, 음악 지능, 대인관계 지능, 개인내 지능, 자연관찰 지능, 실존 지능 등이 그것이다. 공간적 지능이 높은 사람은 조각가나 항해사·건축가가 될 수 있고, 대인관계 지능이 높은 사람은 다른 사람과 좋은 관계를 유지하면서 잘 설득할 수 있으므로 종교인이나 징치가 등에 직합하다. 개인내적 지능은 자신에 대한 이해와 통찰력이 발달되었으므로 소설가나 임상가 등에 적성이 맞으며, 신체·운동 지능이 높은 사람은 강수진 같은 무용가나 박세리 같은 운동선수가 될 수 있을 것이다. 또 자연관찰지능은 동식물이나 주변 사물을 관찰하여 공통점과 차이점을 분석하는 능력이 높아 동물행동학자나 탐험가가 될 수 있고, 실존 지능이 높은 사람은 종교인이나 철학자가 될 가능성이 높다.

이들 9개의 지능이 서로 독립되어 있다는 것은 한 개의 지능이 높다고 해서 다른 지능이 높은 것은 아니라는 말이 된다. 유리는 언어 지능은 매우 높은 것 같다. 처음 말을 배울 때부터 발음이 정확하고 똑똑하게 말을 했다. 말도 상당히 조리있게 한다. 원어민 선생님에게 영어를 배우면서 발음이 어찌나 정확한지 깜짝 놀랄 정도였다. 알파벳의 'O' 발음도 어쩌면 원어민처럼 그렇게 따라 하는지 어른들은 흉내낼 수 없다. 그래서 처음에는 원어민 선생님에게 영어를 배우는 모든 아이들이 모두 다 그렇게 발음이 좋은 줄 알았다. 그런데 선생님에게 설명을 들어 보니 특히 유리의 발음과 억양이 정확하다고 말한다.

그렇다고 다른 측면의 지능도 높을 것이라고 생각하면 오산이다. 유치원 담임 선생님께서 간단한 테스트를 한 결과로는 유리가 생각만큼 뛰어나지는 않는다는 것이다. 수업시간에는 꽤 잘 했는데 테스트를 해 보니 중간이었다는 것이다. 물론 집에서 유리를 제대로 잘 돌보아 주지 못한 점도 있겠지만, 어쨌든 지필 검사에서는 말로 표현하는 만큼 해내지 못한 것이 사실이다.

어릴 때의 지능은 상당히 유동적이고 변화한다는 이론에도 물론 공감한다. 소아정신과 혹은 다양한 연구소 등에서 유아들에게 지능검사를 해 준다. 이 지능검사의 목적은 혹시 대상 아이가 어떤 측면에서 보통의 아이들보다 지체되지 않았는지 알아보기 위한 것이다. 어릴 때 하는 지능 검사는 대체적인 식별 기능만 하지, 성장 후의 학업 성취 능력까지 예측해 주지는 못한다. 어릴 때 하는 검사와 학령기의 학업 성취 혹은 지능 검사가 서로 다른 이유 때문이기도 하지만, 유아기는 지능이 유동적이고 변화하는 과정이기 때문이기도 하다.

유리도 갓난아기일 때는 주의 집중 시간이 짧아서 학교 공부는 잘 하지 못하겠구나 생각했었다. 하지만 낱말을 배우기 시작할 때는 집중을 상당히 잘 하고 기억력도 좋았있다. 그러던 것이 지금은 또 다시 변화하여 '잘 모르겠어' '생각 안 나' 혹은 '잊어버렸어'라고 하면서 남들보다 뒤처져 보인다. 그러나 조금 더 자라 초등학교와 중·고등학교에서의 유리의 성취는 또 달라질 수 있으리라 생각한다.

유리를 지켜보던 준혁이 엄마는 유리가 아나운서가 되었으면 좋겠다고 하였다. 그 순간, 아, 맞아! 유리에게 맞는 직업일 수 있겠구나! 라는 생각이 들었다. 아나운서의 가능성을 키워 주자면 어린 유리에게 어떤 경험들과 배움을 주어야 할까?

엄마의 교육 철학

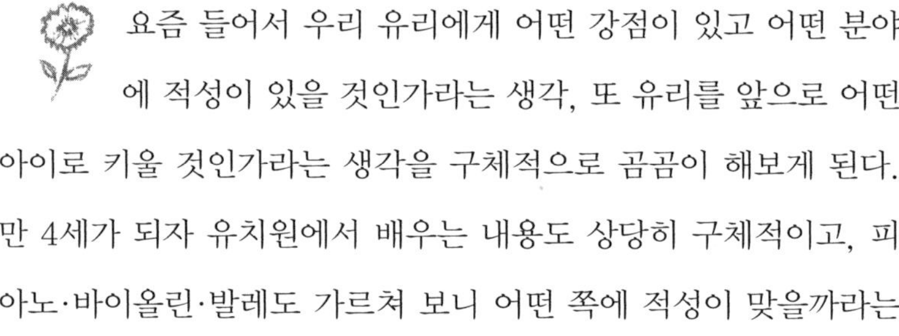 요즘 들어서 우리 유리에게 어떤 강점이 있고 어떤 분야에 적성이 있을 것인가라는 생각, 또 유리를 앞으로 어떤 아이로 키울 것인가라는 생각을 구체적으로 곰곰이 해보게 된다. 만 4세가 되자 유치원에서 배우는 내용도 상당히 구체적이고, 피아노·바이올린·발레도 가르쳐 보니 어떤 쪽에 적성이 맞을까라는 생각을 자연스럽게 하게 된다.

주위에서는 초등학교 공부는 여러 가지 영역을 다 잘해야 한다면서 미술·축구·수영 등 팀을 짜서 가르치기도 하고, 논술이 중요하다며 유치원 시절부터 2년을 기다려야 다닐 수 있다는 독서 지도

학원에 등록을 하기도 한다. 심지어 태어나면서 등록하여야 교육을 받을 수 있는 기관도 있고, 유아들도 테스트를 받고 일정 기준을 통과해야만 등록을 받아 준다는 교육 기관도 있다고 한다.

학원에 보내지 않고 자유롭게 놀게 하는 엄마, 모든 정보를 동원하여 좋은 교육프로그램이 어디에 개설되는지 알아내고 따라가려는 엄마, 믿을 수 있고 교육비가 석설한(혹은 무료) 대학부설 혹은 복지관의 교육프로그램을 알아내어 활용하는 엄마, 현재 다니는 유치원이 공부를 많이 시키지 않는다고 다른 유치원으로 옮겨 가는 엄마, 이런 엄마의 아이들은 장차 어떤 아이로 자라날까?

유리와 같은 유치원에 다니는 친구들의 엄마들 견해도 각각이다. 어떤 엄마는 숙제가 너무 많고 아이에게 어려운 수준이라고 불평하고, 어떤 엄마는 유치원의 학습량이 부족하다며 공부하는 시간을 늘려 달라고 요구하기도 한다. 그리고 유치원이 끝나고 별도로 과외 학습을 시킨다는 엄마도 있다.

유아교육과 교수님 한 분은 자신의 아이를 양육한 경험을 이렇게 털어 놓으신 적이 있다. 유아교육에서 말하는 인성을 중시하고 놀이와 경험 중심으로 하여 자유로운 아이로 키웠더니, 학교 가서 다른 아이들보다 공부를 잘 못해서 괴롭다는 것이었다. 어떤 교수님은 어릴 때부터 팀별 특기 과외를 하지 않다가 커서 축구팀에 들려고 해도 끼워 주지 않아 난감했다는 말씀도 하셨다. 자유롭게 크는 아이와 엄마의 강한 욕구에 떠밀려 남들보다 빠르게 숙성된 아이의 양극에서 어느 지점에 머무는 것이 좋을까?

유리가 모든 방면에서 뛰어난 슈퍼 베이비가 될 것은 기대하지 않는다. 이럴 경우 많은 스트레스로 정서적 장애를 가져올 수도 있고, 엄마가 시키는 대로, 선생님이 시키는 대로만 하는 수동적인 아이가 될 수도 있다. 자기 주도적으로 공부와 일을 해 나가는 습관이야말로 길게 도움이 될 자질이라고 생각한다. 그렇다고 자유롭게 방목하는 교육 방식도 반드시 좋은 방법이라고만 생각하지는 않는다. 경쟁 사회에서 살아남기 위한 최소한의 준비와 이런 사회에서 생존할 수 있는 법을 적절히 가르쳐 주어야 하는 것이다. 유리가 잘할 수 있는 일을 찾아주고 그것을 잘 격려해 주는 엄마가 되고 싶다.

8. 독립하는 유아

바이바이는 신뢰감을

유아 교육 이론에서는 아이를 교육 기관에 맡기거나 엄마가 출근할 때, 정확히 인사를 하고 언제쯤 돌아올 것이라고 말하는 것이 아이에게 신뢰감을 준다고 말한다. 격리 불안을 극복하고 엄마와 쉽게 헤어질 수 있는 길은 결국 신뢰감을 키워 주는 길이다. 바이바이를 하지 않고 몰래 도망가는 것은 그 순간은 쉬울 수 있지만 길게 본다면 격리 불안 극복을 돕는 길이 아니다.

정확하게 인사를 하고 엄마와 바이바이를 한 다음에 헤어지고, 약속된 시간에 재결합하는 상황을 반복한다면 신뢰감을 키울 수 있을 것이다. 이처럼 반복되는 바이바이는 아이에게 엄마가 돌아올 것이라는 믿음을 심어 줄 수 있다. 그러나 이론만큼 쉬운 일은 아니다. 못 가게 붙들고, 울고, 서로가 너무 힘든 상황을 겪는 것이다.

유리도 어릴 때는 바이바이가 어려웠다. 아무것도 모를 때는 웃으면서 바이바이를 하면서 헤어졌지만, 조금 알면서부터는 한바탕 소동이 벌어졌다. 그 이후 몰래 도망가기 시작했고, 유리도 아침마다 엄마를 놓치지 않으려고 엄마의 행동에만 온갖 관심을 쏟았다. 조금 놀다가도 엄마가 움직이기만 하면 그 쪽으로 신경을 곤두세우곤 했다. 그때마다 엄마도 머리를 굴려야 했다. 어떻게 아이의 관심을 다른 곳으로 따돌릴 수 있을까? 정신을 빼앗을 수 있는 것이 무엇일까? 어떻게 하면 이 아이를 속일 수 있을까? 유리가 더 똑똑해질수록 엄마도 더 많이 머리를 써야 했다. 이렇게 우리 둘은 서로 머리 싸움을 했다.

유리도 만 1세 반까지는 엄마가 출근해야 하는 것을 전혀 이해하지 못했다. 그러다가 그 이후 언제부터 엄마가 어딘가를 가야 한다는 사실을 어렴풋이 알아채는 것 같았다. 그때부터 나갈 때는 몰래 도망가야 했고, 유리는 없어진 엄마를 찾아 한바탕 우는 소동을 벌여야 했다. 방마다 문을 다 열어 보고 없다는 사실을 확인하면 포기하고 다시 잘 노는 편이긴 했지만, 간혹 출근하지 않고 집에서 일하다가 유리가 방문을 여는 기척이 나면 책상 밑으로 몰래 들어가 숨어 있기도 했다.

세 돌이 가까워 오면서는 조용히 도망가거나 '뒤따라간다' 하고 가지 않는 식으로 거짓말을 하는 것이 더 좋지 않은 결과를 가져온다는 것을 알았다. 아빠와 외출할 때 엘리베이터만 태워 주고 몰래 집으로 들어오면 "아빠, 엄마 기다려요, 아빠 가지 마요, 아빠 미워요" 등을 외치며 난리를 친다고 한다. 이제는 "유리, 아빠랑 갔다 와요" 하고 인사를 하면 이해하고 순조롭게 엄마 없이 외출하는 일이 잦아졌다. 그러나 엄마가 집에 있어 주기를 바라는 마음은 어느 아이나 마찬가지인가 보다.

"화이코(어린이집 이름) 갔다 와, 바이바이."

하고 인사하면,

"엄마 학교 가지 마요."

라고 하거나,

"엄마, 유리 화이코 갔다 오면 집에서 기다려. 꼭 기다려요."

라고 신신당부를 한다.

　어떤 때는 "엄마, 집에만 있어요"라고 말하고 간다. 이런 말을 듣는 어느 엄마가 마음이 아프지 않을까? 정말 휴직을 하고 아이를 어느 정도 키워 독립할 수 있을 때까지 집에만 있고 싶기도 하다.

아침마다 치르는 전쟁

직장 가진 주부로서 아이가 있는 집은 모두 마찬가지이
겠지만, 아침 시간은 그야말로 전쟁이다. 아이 깨우랴,
아침 먹이랴, 양치시키랴, 옷 입히랴. 그러는 가운데 출근 준비도
짬짬이 해야 한다. 더구나 이러한 일상 생활 습관의 자조기술이
아직 발달하지 않은 유아는 엄마가 일일이 챙겨 주어야 한다.

어떤 직장 가진 엄마가 치마를 입지도 않은 채 집을 나섰다는 이
야기도 있고, 어떤 선생님은 속옷(상의)의 방향을 앞뒤 반대로 입
고 갔다가 수업시간에 학생들이 키득거리는 바람에 알았다는 에
피소드도 있다. 이 선생님은 별명이 급기야 '낙타 등'이 되었다고

한다.

모든 엄마들이 다 그렇겠지만, 자신은 아침밥을 굶더라도 자식 입에는 한 숟가락이라도 더 떠 넣어 주고 출근하고 싶은 것이 보통 엄마의 마음이다. 어떤 엄마 선생님은 가족 식사를 차리고 나니 자신은 밥 먹을 시간이 없어서 "나도 아침밥 먹고 싶어"라는 한마디를 남기고 출근했다고 한다. '나도 열심히 일하고 돈 버는데, 왜 밥을 못 먹나' 하는 생각이 들 수밖에 없을 것이다.

나도 '밥도 못 먹고 살려고 이렇게 열심히 사나?' 하는 생각이 들 때가 많다. 요즘은 구내식당에서 먹는 3,500원짜리 점심이 하루 중 가장 잘 먹는 성찬이다. 누구에게도 구애받지 않고, 눈치 보지 않고, 30분 동안 편안히 앉아서 밥과 국과 반찬까지 골고루 먹을 수 있다니, 구내 식당이 이렇게 고마운 적이 없다.

우리 유리는 다른 가족이 아무리 있어도 자신을 돌보는 일은 '엄마가' 하라고 한다. 그렇다고 밥 먹고, 옷 입고, 양치하는 일에 협조하는 것도 아니다. 양치하지 않고 옷 입지 않고 버티면 엄마가 어떻게 해 줄까를 두고 본다는 식으로 행동한다. 너무 많이 혼내서 빈뇨증에 걸린 이후로는 야단을 칠 수도 없고, 거짓말 연극

을 할 수밖에 없다. 어느 날 아침은 요즘 가장 친한 혜나를 들먹였다. 핸드폰을 들고는 통화하는 척하면서,

"어, 혜나가 벌써 화이코 왔대. 유리 빨리 오라고 전화 왔어."

"왜요?"

"유리하고 같이 놀고 싶대."

"유리 좋대요?"

"응, 혜나가 유리 좋아한대."

그런데 뭔가 이상한 것을 눈치 챘는지 자신의 손에 핸드폰을 든 시늉을 한 채

"혜나, 전화기 있어요?"

라고 묻는다. 얼른 둘러 댔다.

"아니, 선생님이 전화해 줬어."

그러자 얼른 달려와서 양치를 하겠다고 했다.

어떤 날은 유치원에 안 가겠다는 유리 앞에서 전화를 거는 시늉을 하며,

"네, 선생님 유리 유치원 안 간대요."

"네? 선물이요? 오늘 선물 준다고요?"

이랬더니 바로 양치에 협조한다. 유리는 선물을 무지 좋아한다. 아침마다 레퍼토리를 바꾸고, 새로운 이벤트를 생각하느라고 갖은 머리를 다 쓴다. 아이를 키우는 엄마는 머리가 녹슬지 않고 더욱 좋아진다는 말이 거짓이 아니다.

만 1세 반부터 어린이집에 적응하기

만 1세가 지나자 유리는 여러 가지 일들에 호기심을 보이기 시작했다. 집에만 있는 것이 심심하게 보여 이웃집에 놀러도 가고 바깥나들이도 해보았지만, 그것만으로는 부족했다. 그러다 엄마와 함께 하는 교육프로그램에 일 주일에 두 번씩 가보았더니 매우 흥미있어 하였다. 대학생 아르바이트를 구하여 여름방학 동안 집으로 불러 유리와 같이 재미있는 활동을 해보게 했더니 호기심 만점이었다. 그러나 바깥 나들이도 하지 않고, 교육 기관에도 가지 않는 날은 집에서 텔레비전을 보는 일이 많았고, 텔레비전을 볼 때는 주로 손가락을 빨고 있어서 좋지 않았다.

교육 기관에 가면 기본 생활 습관도 배우고 친구와 선생님을 사귀어서 좋을 것이라고 판단되었다. 집에서는 엄마나 이모 말을 안 들어서 간단한 생활 습관이나 규칙을 가르치기가 힘들지만 어린이집에서는 잘 하는 경우가 많았다. 집에서는 양치시키기가 정말 힘들지만 어린이집에서는 입을 크게 벌리고 선생님이 양치를 다 할 때까지 밀을 잘 듣고 있다고 했다. 가지고 노는 장난감도 어찌나 잘 정리했던지!

그래서 1세 9개월이 되는 가을 학기부터 아파트 단지 내에 있는 어린이집에 다니기로 등록하고, 여름 동안 어린이집이 한가한 오후 시간에 가서 간식도 얻어먹고 재미있게 놀다 왔다. 그러나 막상 정식으로 다니기 시작하자 유리를 떼어 놓을 방법이 없었다. 원래가 낯가림이 심하고 격리 불안을 강하게 표현하던 아이였다. 문을 열고 들어가는 순간부터 울기 시작하는데, 유리 학급의 모든 교육 활동이 마비될 정도였다. 간신히 데리고 들어가 재미있는 활동에 몰입하는 것을 보고 엄마는 몰래 빠져 나오는 방법도 써 보았다. 그러나 엄마가 가 버린 것을 알아차리자마자 활동을 팽개치고 밖으로 나와 선생님 옆에서 울고 섰는 것이다.

엄마가 출근하는 날은 이모가 교실에서 유리와 함께 활동에 참가했다. 한참을 유리 옆에서 지켜보다가 일어났지만, 막상 유리를 떼어 놓기가 쉽지 않았다. 지금도 그 당시 선생님들에게 너무나 미안하다. 교실에서 어른이 같이 있는 부담도 마다하지 않고 적응시키려고 노력하시고, 우는 유리를 달래려고 밖으로 데리고 나오기도 하고, 업어 주기도 하느라 무척 힘드셨을 것이다. 그 무렵엔 이모도 우는 유리를 떼어 놓고 나올 때마다, 유리의 울음소리가 귀에 쟁쟁하게 맴돌아서 도무지 일이 되지 않았다고 했다.

결국 유리를 어린이집에 보내지 말자는 의견이 나왔다. 그런데 엄마가 데리고 가보면 울면서 신발 벗는 한편으로 고개를 빼고 교실에서 친구들이 무얼 하고 있나 보려고 애를 쓰는가 하면, 데리러 갔을 때면 더 놀겠다고도 했다. 이 낌새를 보고 바로 적응시키기로 마음먹었다. 이모에게도 매몰차지만 유리를 데려다 주고 곧바로 돌아오라고 했다. 어린이집 선생님에게도 유리는 감정 표현이 격해서 울 때는 크게 울지만, 너무 마음 흔들리지 말라고 정보를 주었다. 그러던 중 유리가 어린이집에 적응하게 된 첫 번째 계기가 주어졌다. 어느 날 선생님께서 블록 놀이가 끝난 뒤 정리하는 일을 유리에게 도와달라고 요청했다. 신이 난 유리는 완전히 태도가 바뀌었고, 자연스럽게 여러 가지 활동에 흥미를 보이더라는 것이었다.

집에서도 나름대로 적응시키기 위한 노력을 했다. 인터넷에 올라와 있는 어린이집에서의 활동 사진을 유리랑 같이 보면서 친구들 이름을 하나하나 불러보기를 자주 하였다. 선생님 사진도 보면서 이름을 다 익혀 알게 되었다.

유아를 교육 기관에 적응시키기 위하여 주의할 점으로 아래 4가지를 들 만하다.

• 정식으로 다니기 전에 기관을 자주 방문해서 장소와 사람들에 대한 낯가림을 해소하고 익숙해질 것.
• 부모가 떠나기 전에 활동에 참여하게 하고, 특히 간식 준비나 장난감 정리하는 일을 도와줄 것을 부탁할 것.
• 특별한 활동을 시작하고 부모가 데리러 올 때 완성하기로 약속할 것, 혹은 특별한 뽀뽀나 말을 하여 달래 줄 것.

• 헤어질 때 몰래 도망가지 말고 '바이바이'를 할 것.

유리는 위에서 한 가지만 빼고 다 지킨 셈이다. '바이바이' 하는 것은 제대로 못했다. 이것이 아마도 제일 힘든 일일 것이다.

지금 생각해 보니 만 2세가 되기 전에 어린이집에 적응하기란 쉽지 않은 것 같다. 만 2세가 넘어서는 쉽게 적응을 했던 것으로 보인다. 특히 유리처럼 낯가림이 심하고 까다로운 아이는 더욱 그렇다. 유리 친구 중 순한 아이는 사흘만에 적응하고 잘 다녔다고 하지만, 유리는 정말 힘들게 적응하였다.

유리가 제일 처음 어린이집에서 활동에 참여한 것은 야채 도장 찍기이다. 인터넷에 올라온 그 사진을 지금도 잊을 수 없다. 눈에는 눈물이 그렁한 채 엄마가 자신을 버리고 간 슬픔에 겨워 야채 도장을 들고 찍는 모습은 지금껏 나의 가슴을 아리게 한다. 이모 말대로 좀 더 클 때까지 집에 그냥 둘 걸 그랬나?

거짓말쟁이 엄마

나는 유리에게 온갖 거짓말을 하곤 했다. 만 3세 이전의 아이는 의사소통 능력이 채 발달되지 않아서, 설명을 해도 이해를 못하기 일쑤다. 그러니 아이의 수준에 맞게 이해시키기 위해서 때때로 거짓말이 필요해진다.

비디오를 크게 틀라고 하면,

"2층 아찌가 시끄럽다고 그랬어. 2층 아찌 온 것 못 봤어?"

양치를 안 하려고 하면,

"치카 안 하면 벌레가 유리 입 속을 꽉 깨문대. 의사 선생님이 그러셨어."

더 그럴 듯하게 들리게 하려고 의사 선생님까지 팔았더니 유리가 하는 말,

"의사 선생님 이름이 뭐야?"

순간 당황했지만 얼른 아는 의사 선생님 이름을 둘러댔다.

"응, 이인수 선생님이 그랬어."

양치를 하지 않을 때는 양치질에 관한 책을 보여주고 벌레 그림을 가리키면서 벌레가 있다는 것을 강조한다. 아빠는 한 수 더 떠서 유리 입에서 벌레를 잡아내는 시늉을 하면서,

"여기 벌레 있다. 한 마리 잡았다. 어, 어, 여기 또 한 마리가 숨어 있네."

마지막 한 마리 남은 벌레까지 잘 잡기 위해서 물로 헹굼질까지 깨끗이 한다. 그런데 유리가 아무것도 모르는 건 아니다. 거짓말인 줄 알면서 다 속아 주는 듯하다. 나도 아빠처럼 벌레 잡는 흉내를 내니까

"아니야, 내~가~"하면서 유리가 자기 손으로 입가에서 벌레 잡는 흉내를 내면서 잡는다. 그래도 그 날은 양치를 잘 할 수 있도록 입을 벌려서 잘 협조해 주었다.

아이들은 대체로 채소 등의 섬유질 음식을 먹지 않고 대변보는 것도 회피하는 경향이 있어서 대부분 다 변비가 있다고 한다. 유리도 변비가 심해서 서양자두 주스를 마신다. 그것도 모자라서 여기에 청국장 가루를 타서 마시게 했더니 냄새가 정말 고약했다. 청국장 가루를 탄 이후부터는 잘 안 마시려고 한다. 그 때마다 내가 하는 밀이 있다.

"이것 안 마시면 할아버지가 관장한대."

그러면 대체로 잘 마신다. 변비가 심해서 할아버지가 관장을 하신 적이 한두 번 있었는데, 어린 유리에게도 굉장히 싫었나 보다. 변비 주스와 관장은 그래도 관련이 있다. 이 말이 잘 통하길래 양치를 안 하려 할 때에도 써 먹었다. 거짓말은 여기서 절정을 이룬다.

"양치 안 하면 할아버지가 관장하신대."

그리고 큰 소리로 할아버지를 부르면 거의 백 퍼센트 말을 잘 듣는다.

"할아버지~ 관장 가져 오세요~."

"할아버지~ 유리 치카해요~. 관장 가져 오지 마세요~."

이런 모습을 목격하던 아빠가 하는 말,

"양치 안 하는 것하고 관장하고 무슨 관계가 있냐? 네 엄마는 거
짓말도 참 희한하게 한다."

세탁소 갔다 올게

만 3세는 독립의 나이

유리는 엄마를 상당히 못살게 구는 편이다. 엄마가 피곤해서 집에서 쉬려고 해도 전혀 쉴 수가 없다. 엄마가 자신과 놀아 주어야 하고, 엄마가 밥을 먹여 주어야 하고, 엄마가 옷을 입혀 주어야 하고, 엄마가 씻겨 주어야 하고, 엄마가 양치를 시켜 주어야 한다. 무엇이든 다른 사람이 해 주면 '엄마가~'라고 하면서 거부한다. 심지어는 자다가 깨어 물을 달라고 할 때도 아빠가 갖다 주면 '엄마가 가져 와~' 하면서 마시지도 않는다. 엄마가 다시 떠다 주어야 마신다.

첫 돌이 되기 전에는 밤에 자다가 깨어 우는 일이 많았다. 엄마가 피곤해서 아빠가 업어 주면 유리의 우는 소리가 점점 더 커진다. 업어 주면 울음이 그쳐야 하는데 점점 더 크게 우는 것이다. 잠결에도 '엄마가 있으면서 왜 업어 주지 않느냐' 는 불만을 드러내는 것이다.

화장실 볼일도 함께 들어가서 무릎 위에 올려놓거나 업고 봐야 하고, 샤워할 때도 같이 들어가야 했다. 물론 엄마가 안 보이는 것에 대한 불안감 때문에 더 심했을 수도 있다. 이럴 때는 작은 집에 살면 훨씬 도움이 되었을 것이다. 엄마가 부엌일을 하든지 목욕탕에서 머리를 감든지, 문만 열어 놓으면 한눈에 다 보이기 때문에 덜 불안하다.

유리가 조금 커 말을 잘 할 수 있게 되면서부터는 자신이 하는 말을 잘 들어 줄 것을 요구했다. 유리의 말을 대략 건성으로 듣고

"응, 응, 그래, 그랬어?"

등으로 대꾸하면

"엄마, 유리 쳐다봐. 유리 봐야지요."

"엄마, 유리 얼굴 봐. 얼굴을 봐야지요."

라고 하면서 신경질을 부렸다.

그런데 엄마가 샤워할 때도 목욕탕 문 앞에서 울면서 기다리곤 하던 아이가 세 돌이 다 되어 갈 무렵 어느 날, "엄마 샤워할게, 할머니, 할아버지하고 놀아." 했더니, 할머니 방에 갔다가 목욕탕 한번 들여다보고, 할아버지 방에 갔다가 목욕탕 한번 들여다보고 하면서 샤워 끝날 때까지 혼자서 노는 것이다.

기가 막히게도 세 돌이 지나면서 유리는 혼자 노는 시간도 길어지고 엄마를 못살게 굴던 행동 패턴도 달라지기 시작하였다. 만 3세 1개월 정도 되었나, 유리의 기분이 좋아 보일 때였다. 추운 겨울이어서 집 앞의 세탁소에 잠깐 가면서 유리에게 옷 입히기도 귀찮고 해서,

"유리, 할머니하고 있어. 엄마 세탁소 갔다 올게. 엄마 빨리 올게. 금방 올게."

했더니

"응, 빨리 갔다 와요."

하면서 순순히 수긍을 하고 할머니 방으로 건너 갔다.

이게 웬일인가? 엄마가 나갈까 봐 그렇게 불안해 하고 감시하던 아이가 이처럼 순순히 내보내다니! 이 일이 있은 후부터는 밖에 나

갈 때는 항상 "엄마 세탁소 갔다 올게"라고 거짓말을 하게 되었다.

이렇게 외출한 날 유리가 전화로 금방 온다고 거짓말하고 출근한 엄마에게 전화를 하여 "엄마 왜 빨리 안 와"라고 물을 때는 거짓말한 것이 미안하기도 하였지만, 어쨌든 엄마도 수월해지고 유리 자신도 편안해졌다. 우리 유리가 성장하고 있는 것이다.

'아, 이제야 유리가 독립하는구나' 만 3세는 독립의 나이인 것이다.

유치원에 가기 싫어

만 4세의 독립적 생활

유리가 만 4세 생일이 막 지나고 난 어느 날, 내가 집에 있을 때였다. 엄마가 오늘도 집에 있을 거냐고 물어 본 다음 유치원에 가기 싫다고 조르기 시작했다. "그래, 그러면 집에 있어. 그 대신 엄마 방해하지 말고 혼자 놀아야 돼." 이렇게 전제 조건을 걸고 혼자 놀겠다는 확답을 받은 다음 유치원에 보내지 않았다.

남자아이들은 어릴 때부터 혼자 노는 편이다. '마마보이'라고 불리는 아이도 엄마가 옆에 있기만 하면 혼자서 로봇이나 블록 등의 장난감을 가지고 상당한 시간 동안 혼자서 논다. 그러나 여자

아이들은 항상 엄마와 함께 놀려고 한다. 엄마가 놀이를 같이 해 주어야 하고, 혼자서 할 수 있는 일도 도와 달라고 한다. 인형 놀이를 할 때에는 인형에게 밥을 먹여 주거나 인형을 잠재우는 일을 해야 하고, 블록놀이를 할 때에는 괜히 이것저것 도와 달라고 한다. 색칠하기는 너무 힘들다면서 여기저기 한 부분씩 칠해 달라고도 한다.

음악과 율동이 나오는 비디오를 자주 볼 때에는 우리 식구는 모두 일어서서 유리와 함께 율동을 해야만 했다. "일어 서, 일어 서, 다 같이."이렇게 하면서 엉덩이를 들어 올리면 이를 피할 재주가 없다. 무시하면서 혼자 하도록 하면 된다는 엄마들도 있지만 유리는 너무나 집요해서 결국은 요구를 들어 주게 된다. 그래서 집에서 무슨 일을 조금이라도 하려면 항상 유리를 밖으로 내보내야만 할 수 있다. 유리가 집에 있으면 아무 일도 할 수가 없는 것이다.

이제 유리가 상당히 성숙했으니, 오늘은 혼자 노는 자기 조절력을 배워 주기로 했다. 자신이 반드시 가야 하는 유치원에 가지 않고 집에 있기로 한 것이기 때문에, 자신을 상당히 조절하리라고 기대했다. 엄마가 컴퓨터 앞에 앉아서 일을 하고 있으면 유리는 옆에서 블록 놀이를 하거나, 자신의 책상에서 그림을 그리거나, 무언가를 만들어 가지고 와서 보여주고, 다시 가서 혼자서 놀았다. 가끔 평소처럼 컴퓨터로 작업하는 엄마 무릎에 앉으려고 하면 유치원에 가야 한다는 사실을 상기시켜 주었다.

이렇게 하여 유치원 활동 시간인 오전 10시부터 12시까지 혼자서 놀게 하였다. 유리가 혼자서 놀다니! 몇 달 전만 해도 이런 일은 상상할 수 없지 않았던가? 유리를 피해 방에서 문을 잠그고 없는 것처럼 숨어서 일을 하거나, 슬프게 우는 소리에 마음 약해져 나와서 달래 주느라 나는 여러 가지 일을 포기할 수밖에 없었다. 이제는 유리와 함께 있어도 일을 할 수 있다니, 유리도 엄마가 집에 있다는 사실에 안정되고 엄마도 밖으로 나가지 않아도 되니 얼마나 좋은지 모르겠다.

작아지는 엄마

2007년 9월 3일, 유리는 이제 만 4세 9개월, 키 106.6cm, 몸무게 18.4kg, 치아 20개, 충치 1개 치료, 시력 오른쪽 1.2, 왼쪽 1.0, 정상적 발달 상태이다.

건강하고 튼튼하여 엄마와 함께 동네에서 잘 걸어 다닌다. 보조 바퀴가 달린 두발 자전거를 잘 타고, 인라인 스케이트도 탈 수 있다. 몸이 단단하고 힘이 세서 유리가 끌면 엄마가 질질 끌려 다닌다. 아침 저녁은 엄마가 깨끗하게 양치해 주지만 점심은 혼자서 양치한다. 화장실은 혼자서 갈 수 있지만 무서워서 함께 가자고 한다.

밖에 나갈 때에는 항상 엄마 손을 꼭 잡고 다니고, 인도 쪽에서 걸어간다. 유치원 차는 항상 어른이 태워 주어야 하지만 가끔은 혼자 타 보겠다고도 한다. 엄마와 함께 체력 단련실fitness center에 가면 엄마가 운동할 동안 유아용 놀이방에서 선생님과 함께 지낸다. 엄마와 함께 외출도 자주 하고 여러 가지 이야기도 나눈다. 차를 타고 이동할 때에는 아는 노래들을 같이 부른다. 가끔 타악기들을 가지고 '마음대로 연주'를 하면서 노래를 부르기도 한다.

숨바꼭질을 좋아하고, 친구들과 노는 것을 좋아한다. 김치는 절대로 안 먹지만. 식당에 가서 자장면·탕수육·피자·돈까스·우동·메밀국수·삼계탕 등 여러 가지 음식도 먹을 수 있다. 엄마가 밥을 지으면 흰 냅킨을 한 장씩 깔고 수저를 놓아 상 차리기를 돕고, 물도 가져다 놓는다. 엄마에게 가끔은 안마도 해 주고, 함께 목욕할 때 등에 비누질도 해 준다.

잠잘 때는 반드시 엄마나 아빠가 책을 읽어 주어야 잠이 든다. 일상 생활에서 자주 대하는 한글은 거의 읽을 줄 알게 되었다. 숫자도 10까지는 확실히 센다. 그 이상의 수도 조금 알기는 하지만

15보다 하나 더 큰 수는 14라고 대답한다.

무엇이 가장 좋으냐고 물으면 '엄마' 라고 답하고, 누가 가장 좋으냐고 물어도 항상 '엄마' 이다. 엄마·아빠·유리가 등장하는 가족 그림을 자주 그린다. '우리는 가족' 이라고 하면서 셋이 함께 손을 잡고 가끔은 춤도 추어야 한다. 엄마는 벌써부터 유리에게 의지하고 싶다.

"유리가 엄마보다 더 커지면 엄마 업어 줄 거야?"

"응, 업어 줄 거야. 근데 아빠는 안 돼요, 무거워서요."
라고 내 귀에다 소근거린다.

"유리, 요리 배워서 엄마에게 맛있는 음식 해 줄 거야?"

"응, 맛있는 거 해 줄 거야."
또 지붕이 열리는 자동차를 늘 갖고 싶어하는 유리에게 묻는다.

"유리 돈 많이 벌면 엄마에게 뚜껑 없는 자동차 사 줄 거야?"

"응, 그래 사 줄 거예요."

엄마는 유리와 말도 안 되는 이런 저런 비밀 얘기를 하는 것이 즐겁다.

요즘은 유리를 안아도 내 품에 쏙 들어오지 않는다. 그래도 열심히 안아 준다. 이제 조금만 더 크면 안아 줄 수도 없을 것 같다. 벌써부터 유리를 안다가 뒤로 넘어지기가 일쑤다.

아이가 크면 엄마가 점점 더 작아지는 느낌을 가진다고 하는데, 나는 벌써 작아지는 느낌이다. 이제는 그만 크고 이대로 멈추어 주었으면 좋겠다는 생각마저 자주 해본다.